大足石刻全集

第二卷
北山佛湾石窟第101—192号考古报告
下 册

大足石刻研究院　编

黎方银　主编

DAZU SHIKE
QUANJI

THE DAZU ROCK CARVINGS

Vol. II
FOWAN (NOS. 101—192), BEISHAN
Part Two

EDITED BY
ACADEMY OF DAZU ROCK CARVINGS

EDITOR IN CHIEF
LI FANGYIN

总 策 划　　郭　宜　黎方银

《大足石刻全集》学术委员会

主　　任　　丁明夷
委　　员　　丁明夷　马世长　王川平　宁　强　孙　华　杨　泓　李志荣　李崇峰
　　　　　　李裕群　李静杰　陈明光　陈悦新　杭　侃　姚崇新　郭相颖　雷玉华
　　　　　　霍　巍（以姓氏笔画为序）

《大足石刻全集》编辑委员会

主　　任　　王怀龙　黎方银
副 主 任　　郭　宜　谢晓鹏　刘贤高　郑文武
委　　员　　王怀龙　毛世福　邓启兵　刘贤高　米德防　李小强　周　颖　郑文武
　　　　　　郭　宜　黄能迁　谢晓鹏　黎方银（以姓氏笔画为序）
主　　编　　黎方银
副 主 编　　刘贤高　邓启兵　黄能迁　谢晓鹏　郑文武

《大足石刻全集》第二卷编纂工作团队

调查记录　　邓启兵　黄能迁　刘贤高　郭　静　陈　静　赵凌飞
现场测绘　　刘贤高　周　颖　毛世福　黄能迁　邓启兵　赵凌飞　张　强　吕　品
　　　　　　陈　杰　潘春香　余倩倩
绘　　图　　周　颖　毛世福　陈　杰　潘春香　余倩倩
图版拍摄　　郑文武（主机）　周　瑜　郭　宜　吕文成　王　远　张　勋
拓　　片　　唐长清　唐毅烈
铭文整理　　赵凌飞
资料整理　　赵凌飞　张媛媛　未小妹　李朝元
英文翻译　　姚淇琳
英文审定　　Tom Suchan　唐仲明
报告编写　　黎方银　邓启兵　黄能迁
统　　稿　　黎方银
审　　定　　丁明夷

《大足石刻全集》第二卷编辑工作团队

工作统筹　　郭　宜　郑文武
三　　审　　李盛强　廖建明　杨希之
编　　辑　　郑文武　王　娟　周　瑜　吕文成　王　远
印前审读　　曾祥志
图片制作　　郑文武　周　瑜　吕文成　王　远
装帧设计　　胡靳一　郑文武
排　　版　　何　璐
校　　色　　宋晓东　郑文武
校　　对　　廖　颖　陈　琨　何建云　刘小燕　李小君　廖应碧　刘　艳

总目录

第一卷　　　北山佛湾石窟第1—100号考古报告

第二卷　　　北山佛湾石窟第101—192号考古报告

第三卷　　　北山佛湾石窟第193—290号考古报告

第四卷　　　北山多宝塔考古报告

第五卷　　　石篆山、石门山、南山石窟考古报告

第六卷　　　宝顶山大佛湾石窟第1—14号考古报告

第七卷　　　宝顶山大佛湾石窟第15—32号考古报告

第八卷　　　宝顶山小佛湾及周边石窟考古报告

第九卷　　　大足石刻专论

第十卷　　　大足石刻历史图版

第十一卷　　附录及索引

GENERAL CATALOGUE

Vol. I   FOWAN (NOS. 1–100), BEISHAN

Vol. II   FOWAN (NOS. 101–192), BEISHAN

Vol. III   FOWAN (NOS. 193–290), BEISHAN

Vol. IV   DUOBAO PAGODA, BEISHAN

Vol. V   SHIZHUANSHAN, SHIMENSHAN AND NANSHAN

Vol. VI   DAFOWAN (NOS. 1–14), BAODINGSHAN

Vol. VII   DAFOWAN (NOS. 15–32), BAODINGSHAN

Vol. VIII   XIAOFOWAN AND SURROUNDING CARVINGS, BAODINGSHAN

Vol. IX   COLLECTED RESEARCH PAPERS ON THE DAZU ROCK CARVINGS

Vol. X   EARLY PHOTOGRAPHS OF THE DAZU ROCK CARVINGS

Vol. XI   APPENDIX AND INDEX

目 录

I 摄影图版

图版 1	北山佛湾北区石窟南段局部（由南向北）	2
图版 2	北山佛湾北区石窟中段局部（由南向北）	4
图版 3	北山佛湾北区石窟中段局部（由南向北）	6
图版 4	北山佛湾北区石窟南侧空隙地带	7
图版 5	第101—104号	8
图版 6	第101号龛外立面	10
图版 7	第101号龛左侧壁弟子像	11
图版 8	第103、104号龛外立面	12
图版 9	第105号龛南侧	14
图版 10	第123号龛北侧	15
图版 11	第105—113号	16
图版 12	第114—123号	18
图版 13	第105号龛外立面	20
图版 14	第105号龛龛顶	21
图版 15	第105号龛正壁	22
图版 16	第105号龛左侧壁	23
图版 17	第105号龛右侧壁	24
图版 18	第106号龛外立面	25
图版 19	第106号龛龛顶	26
图版 20	第106号龛正壁主尊佛像	27
图版 21	第106号龛正壁左菩萨像	28
图版 22	第106号龛正壁右菩萨像	29
图版 23	第106号龛左侧壁	30
图版 24	第106号龛右侧壁	31
图版 25	第107号龛外立面	32
图版 26	第107号龛龛顶	33
图版 27	第107号龛正壁上层造像	33
图版 28	第107号龛正壁中层造像	34
图版 29	第107号龛正壁下层造像	34
图版 30	第107号龛左侧壁	35
图版 31	第107号龛右侧壁	36
图版 32	第108号龛外立面	37
图版 33	第109号龛外立面	38
图版 34	第110号龛外立面	39
图版 35	第110号龛龛顶	40
图版 36	第110号龛正壁	41
图版 37	第110号龛左侧壁	42
图版 38	第110号龛右侧壁	43
图版 39	第111号龛外立面	44
图版 40	第111号龛龛顶	45

图版 41	第111号龛正壁	46
图版 42	第111号龛左侧壁	47
图版 43	第111号龛右侧壁	48
图版 44	第111号龛正壁与左侧壁转折壁面造像	49
图版 45	第111号龛正壁与右侧壁转折壁面造像	50
图版 46	第112号龛外立面	51
图版 47	第112号龛龛顶	52
图版 48	第112号龛正壁	53
图版 49	第112号龛正壁供养人像	54
图版 50	第112号龛左侧壁	55
图版 51	第112号龛右侧壁	56
图版 52	第113号龛外立面	57
图版 53	第113号龛正壁主尊菩萨像	58
图版 54	第113号龛左侧壁	59
图版 55	第113号龛右侧壁	60
图版 56	第114号窟外立面	61
图版 57	第114号窟窟室	62
图版 58	第116号龛外立面	63
图版 59	第116-1号龛外立面	64
图版 60	第117号龛外立面	65
图版 61	第117号龛龛顶	66
图版 62	第117号龛正壁	67
图版 63	第117号龛龛顶华盖飞天	68
图版 64	第117号龛左侧壁	70
图版 65	第117号龛右侧壁	71
图版 66	第118号龛外立面	72
图版 67	第118号龛正壁主尊菩萨像	73
图版 68	第118号龛左壁侍者像	74
图版 69	第118号龛右壁侍者像	75
图版 70	第119号龛外立面	76
图版 71	第119号龛龛顶	77
图版 72	第119号龛龛底	77
图版 73	第119号龛正壁主尊菩萨像	78
图版 74	第119号龛龛顶覆莲	79
图版 75	第119号龛左侍者像	80
图版 76	第119号龛右侍者像	81
图版 77	第119号龛左壁立像	82
图版 78	第119号龛右壁立像	83
图版 79	第120号龛外立面	84
图版 80	第120号龛龛顶	85

图版 81	第 120 号龛左侍者像	86
图版 82	第 120 号龛右侍者像	87
图版 83	第 121 号龛外立面	88
图版 84	第 121 号龛龛顶	89
图版 85	第 121 号龛左侧壁	90
图版 86	第 121 号龛左侧壁下部供养人像	91
图版 87	第 121 号龛左侧壁上部造像	92
图版 88	第 121 号龛右侧壁	93
图版 89	第 121 号龛右侧壁下部供养人像	94
图版 90	第 121 号龛右侧壁上部造像	95
图版 91	第 122 号龛外立面	96
图版 92	第 122 号龛正壁主尊造像	97
图版 93	第 122 号龛左侧壁	98
图版 94	第 122 号龛右侧壁	99
图版 95	第 123 号龛外立面	100
图版 96	第 123 号龛龛顶	101
图版 97	第 123 号龛正壁主尊佛像	102
图版 98	第 123 号龛左侧壁菩萨像	103
图版 99	第 123 号龛右侧壁菩萨像	104
图版 100	第 123 号龛左侧壁供养人像	105
图版 101	第 123 号龛右侧壁供养人像	105
图版 102	第 124 号龛南侧	106
图版 103	第 145 号龛北侧	107
图版 104	第 124—136 号（由南向北）	108
图版 105	第 137—145 号	110
图版 106	第 124 号龛外立面	112
图版 107	第 125 号龛外立面	113
图版 108	第 125 号龛龛顶	114
图版 109	第 125 号龛正壁主尊菩萨像	115
图版 110	第 125 号龛左侧壁	116
图版 111	第 125 号龛右侧壁	117
图版 112	第 126 号龛外立面	118
图版 113	第 126 号龛龛顶	119
图版 114	第 126 号龛左侧壁造像	120
图版 115	第 126 号龛右侧壁造像	121
图版 116	第 127 号龛外立面	122
图版 117	第 127 号龛左侧壁造像	123
图版 118	第 127 号龛右侧壁造像	124
图版 119	第 128 号龛外立面	125
图版 120	第 128 号龛龛顶	126
图版 121	第 128 号龛正壁主尊菩萨像	127
图版 122	第 128 号龛左侧壁	128
图版 123	第 128 号龛右侧壁	129
图版 124	第 128 号龛左侧壁供养人像	130
图版 125	第 128 号龛右侧壁供养人像	131
图版 126	第 129 号龛外立面	132
图版 127	第 129 号龛左壁立像	133
图版 128	第 129 号龛右壁立像	134
图版 129	第 130 号龛外立面	135
图版 130	第 130 号龛龛顶	136
图版 131	第 130 号龛正壁主尊像	137
图版 132	第 130 号龛正壁上部造像	138
图版 133	第 130 号龛龛顶覆莲	140
图版 134	第 130 号龛左侧壁	141
图版 135	第 130 号龛左侧壁上层外侧力士像	142
图版 136	第 130 号龛左侧壁上层内侧力士像	143
图版 137	第 130 号龛左侧壁下层外侧力士像	144
图版 138	第 130 号龛左侧壁下层内侧力士像	145
图版 139	第 130 号龛右侧壁	146
图版 140	第 130 号龛右侧壁上层外侧力士像	147
图版 141	第 130 号龛右侧壁上层内侧力士像	148
图版 142	第 130 号龛右侧壁下层外侧力士像	149
图版 143	第 130 号龛右侧壁下层内侧力士像	150
图版 144	第 131 号龛外立面	151
图版 145	第 131 号龛左立像	152
图版 146	第 131 号龛右立像	153
图版 147	第 132 号龛外立面	154
图版 148	第 132 号龛左壁立像	155
图版 149	第 132 号龛右壁立像	155
图版 150	第 133 号窟外立面	156
图版 151	第 133 号窟窟顶	157
图版 152	第 133 号窟正壁	158
图版 153	第 133 号窟正壁主尊菩萨像	159
图版 154	第 133 号窟正壁左侍者像	160
图版 155	第 133 号窟正壁右侍者像	161
图版 156	第 133 号窟左侧壁	162
图版 157	第 133 号窟左侧壁外侧武士像	163
图版 158	第 133 号窟左侧壁外侧武士举持的法轮	164
图版 159	第 133 号窟左侧壁内侧武士像	165
图版 160	第 133 号窟右侧壁	166
图版 161	第 133 号窟右侧壁外侧武士像	167
图版 162	第 133 号窟右侧壁内侧武士像	168
图版 163	第 133 号窟窟底后侧云气纹	169
图版 164	第 135 号龛外立面	170
图版 165	第 135 号龛正壁上部造像	171
图版 166	第 135 号龛正壁下部造像	172
图版 167	第 135 号龛左侧壁飞天像	173
图版 168	第 135 号龛右侧壁飞天像	173

图版169	第136号窟外立面	174
图版170	第136号窟窟顶	176
图版171	第136号窟转轮藏	177
图版172	第136号窟转轮藏基台	178
图版173	第136号窟转轮藏基台底部北面水波纹	179
图版174	第136号窟转轮藏平座勾栏西北面造像	180
图版175	第136号窟转轮藏平座勾栏西面造像	180
图版176	第136号窟转轮藏平座勾栏西南面造像	181
图版177	第136号窟转轮藏平座勾栏南面造像	181
图版178	第136号窟转轮藏平座勾栏东南面造像	182
图版179	第136号窟转轮藏平座勾栏东面造像	182
图版180	第136号窟转轮藏平座勾栏东北面造像	183
图版181	第136号窟转轮藏平座勾栏北面造像	183
图版182	第136号窟转轮藏西北面帐柱	184
图版183	第136号窟转轮藏西面帐柱	184
图版184	第136号窟转轮藏西南面帐柱	185
图版185	第136号窟转轮藏南面帐柱	185
图版186	第136号窟转轮藏东南面帐柱	186
图版187	第136号窟转轮藏东面帐柱	186
图版188	第136号窟转轮藏东北面帐柱	187
图版189	第136号窟转轮藏北面帐柱	187
图版190	第136号窟转轮藏西北面帐顶	188
图版191	第136号窟转轮藏西面帐顶	188
图版192	第136号窟转轮藏西南面帐顶	189
图版193	第136号窟转轮藏南面帐顶	189
图版194	第136号窟转轮藏东南面帐顶	190
图版195	第136号窟转轮藏东面帐顶	190
图版196	第136号窟转轮藏东北面帐顶	191
图版197	第136号窟转轮藏北面帐顶	191
图版198	第136号窟正壁	192
图版199	第136号窟正壁中龛外立面	194
图版200	第136号窟正壁中龛左弟子像	195
图版201	第136号窟正壁中龛右弟子像	196
图版202	第136号窟正壁左龛外立面	197
图版203	第136号窟正壁右龛外立面	198
图版204	第136号窟正壁右端中部供养人像	199
图版205	第136号窟左侧壁内龛外立面	200
图版206	第136号窟左侧壁内龛主尊菩萨像	201
图版207	第136号窟左侧壁内龛狮奴像	202
图版208	第136号窟左侧壁内龛童子像	203
图版209	第136号窟左侧壁中龛外立面	204
图版210	第136号窟左侧壁中龛主尊菩萨像	205
图版211	第136号窟左侧壁中龛主尊菩萨像头冠	206
图版212	第136号窟左侧壁中龛左侍者像	207

图版213	第136号窟左侧壁中龛右侍者像	208
图版214	第136号窟左侧壁外龛外立面	209
图版215	第136号窟左侧壁外龛主尊菩萨像	210
图版216	第136号窟左侧壁外侧力士像	211
图版217	第136号窟右侧壁内龛外立面	212
图版218	第136号窟右侧壁内龛主尊菩萨像	213
图版219	第136号窟右侧壁内龛象奴像	214
图版220	第136号窟右侧壁内龛童子像	215
图版221	第136号窟右侧壁中龛外立面	216
图版222	第136号窟右侧壁中龛主尊菩萨像	217
图版223	第136号窟右侧壁中龛主尊菩萨像头冠	218
图版224	第136号窟右侧壁中龛主尊座台正面童子像	219
图版225	第136号窟右侧壁中龛左侍者像	220
图版226	第136号窟右侧壁中龛右侍者像	221
图版227	第136号窟右侧壁外龛外立面	222
图版228	第136号窟右侧壁外龛主尊菩萨像头冠	223
图版229	第136号窟右侧壁外侧力士像	224
图版230	第137号龛外立面	225
图版231	第139号龛外立面	226
图版232	第140号龛外立面	227
图版233	第140号龛左侧壁立像	228
图版234	第141号龛外立面	229
图版235	第142、144号龛外立面	229
图版236	第145号龛外立面	230
图版237	第145号龛左立像	231
图版238	第146号龛南侧	232
图版239	第164号龛北侧	233
图版240	第146—164号（由南向北）	234
图版241	第146—164号（由北向南）	236
图版242	第146—155号	238
图版243	第160—162号	240
图版244	第163、164号龛	241
图版245	第146号龛外立面	242
图版246	第147号龛外立面	243
图版247	第147号龛正壁	244
图版248	第147号龛左侧壁	245
图版249	第147号龛右侧壁	246
图版250	第147号龛龛底前侧神将像	247
图版251	第147号龛龛顶	248
图版252	第148号龛外立面	249
图版253	第149号窟外立面	250
图版254	第149号窟窟顶	251
图版255	第149号窟正壁	252
图版256	第149号窟正壁主尊菩萨像	254

图版257	第149号窟正壁左胁侍菩萨像	255
图版258	第149号窟正壁右胁侍菩萨像	256
图版259	第149号窟正壁左端官员像	257
图版260	第149号窟正壁左端男侍像	258
图版261	第149号窟正壁右端贵妇像	259
图版262	第149号窟正壁右端侍女像	260
图版263	第149号窟左侧壁	261
图版264	第149号窟左侧壁上部造像	262
图版265	第149号窟左侧壁上部上排由外及内第2像	264
图版266	第149号窟左侧壁上部下排由外及内第1—3像	264
图版267	第149号窟右侧壁	265
图版268	第149号窟右侧壁上部造像	266
图版269	第151号龛外立面	268
图版270	第151-1号龛外立面	268
图版271	第152号龛外立面	269
图版272	第153号龛外立面	270
图版273	第154号龛外立面	271
图版274	第155号窟外立面	272
图版275	第155号窟窟顶	273
图版276	第155号窟中心石柱外立面	274
图版277	第155号窟中心石柱后部	275
图版278	第155号窟中心石柱正面主尊菩萨像	276
图版279	第155号窟正壁	277
图版280	第155号窟正壁中部上方浅龛外立面	278
图版281	第155号窟正壁左侧中部方龛外立面	279
图版282	第155号窟左侧壁	280
图版283	第155号窟左侧壁中部上方坐佛及弟子像	282
图版284	第155号窟左侧壁第十二排左起第4、5身小坐像	283
图版285	第155号窟左侧壁第十三排左起第5、6身小坐像	283
图版286	第155号窟右侧壁	284
图版287	第155号窟右侧壁中部上方坐佛像	285
图版288	第155号窟右侧壁内侧中部浅龛外立面	286
图版289	第155号窟右侧壁内侧下部四身残像	286
图版290	第155号窟右侧壁第九排右起第9身小坐像	287
图版291	第155号窟右侧壁第十排右起第5身小坐像	288
图版292	第155号窟左沿上龛外立面	289
图版293	第155号窟左沿下龛外立面	289
图版294	第157号龛外立面	290
图版295	第158号龛外立面	291
图版296	第159号龛外立面	292
图版297	第161号龛外立面	293
图版298	第161号龛左侧壁立像	294
图版299	第161号龛右侧壁立像	295
图版300	第162号龛外立面	296
图版301	第164号龛外立面	297
图版302	第164号龛左侧壁	298
图版303	第164号龛右侧壁	299
图版304	第165号龛南侧	300
图版305	第192号龛北侧	301
图版306	第165—192号（由南向北）	302
图版307	第165—192号（由北向南）	303
图版308	第165—171号及第171-1号	304
图版309	第172—177号	306
图版310	第178—184号	308
图版311	第185—191号	310
图版312	第191、192号龛	312
图版313	第165号龛外立面	313
图版314	第165号龛主尊菩萨像	314
图版315	第165号龛左侧壁	315
图版316	第165号龛右侧壁	315
图版317	第166号龛外立面	316
图版318	第167号龛外立面	317
图版319	第168号窟外立面	318
图版320	第168号窟窟顶	319
图版321	第168号窟正壁	320
图版322	第168号窟正壁方龛外立面	322
图版323	第168号窟正壁方龛左壁立像	324
图版324	第168号窟正壁方龛右壁立像	325
图版325	第168号窟正壁第一排左起第1身罗汉像	326
图版326	第168号窟正壁第一排左起第2身罗汉像	327
图版327	第168号窟正壁第一排左起第3身罗汉像	328
图版328	第168号窟正壁第一排左起第8身罗汉像	329
图版329	第168号窟正壁第一排左起第9身罗汉像	330
图版330	第168号窟左壁	331
图版331	第168号窟左壁一佛二菩萨像	332
图版332	第168号窟左壁第一排左起第8身罗汉像	333
图版333	第168号窟左壁第一排左起第9身罗汉像	334
图版334	第168号窟左壁第一排左起第36身罗汉像	335
图版335	第168号窟左壁第二排左起第6身罗汉像	336
图版336	第168号窟左壁第二排左起第7身罗汉像	337
图版337	第168号窟左壁第二排左起第9身罗汉像	338
图版338	第168号窟右壁	339
图版339	第168号窟右壁一佛二菩萨像	340
图版340	第168号窟右壁第一排右起第5身罗汉像	341
图版341	第168号窟右壁第二排右起第3身罗汉像	342
图版342	第168号窟右壁第二排右起第8身罗汉像	343
图版343	第168号窟右壁第二排右起第14身罗汉像	344
图版344	第168号窟窟底石塔	345

图版 345	第 169 号龛外立面	346
图版 346	第 169 号龛正壁	347
图版 347	第 169 号龛左侧壁	348
图版 348	第 169 号龛右侧壁	349
图版 349	第 170 号龛外立面	350
图版 350	第 171 号龛外立面	351
图版 351	第 171-1 号龛外立面	352
图版 352	第 171-1 号龛左侧壁坐像	353
图版 353	第 171-1 号龛右侧壁坐像	354
图版 354	第 172 号龛外立面	355
图版 355	第 173 号龛外立面	356
图版 356	第 173 号龛左侧壁立像	357
图版 357	第 173 号龛右侧壁立像	357
图版 358	第 174 号龛外立面	358
图版 359	第 174 号龛左侧壁立像	359
图版 360	第 174 号龛右侧壁立像	360
图版 361	第 175 号龛外立面	361
图版 362	第 175-1 号龛外立面	362
图版 363	第 176 号窟外立面	363
图版 364	第 176 号窟正壁	364
图版 365	第 176 号窟左侧壁	365
图版 366	第 176 号窟左侧壁中部造像	366
图版 367	第 176 号窟左侧壁中部右侧造像	368
图版 368	第 176 号窟左侧壁中部左侧造像	369
图版 369	第 176 号窟左侧壁下部造像	370
图版 370	第 176 号窟左侧壁下部第 1 组造像	372
图版 371	第 176 号窟右侧壁	373
图版 372	第 176 号窟右侧壁中部造像	374
图版 373	第 176 号窟右侧壁中部左侧造像	376
图版 374	第 176 号窟右侧壁中部右侧造像	377
图版 375	第 176 号窟右侧壁下部造像	378
图版 376	第 176 号窟右侧壁下部第 1 组造像	380
图版 377	第 176 号窟右侧壁下部第 2 组造像	381
图版 378	第 176 号窟右侧壁下部第 3 组造像	382
图版 379	第 176 号窟右侧壁下部第 4 组造像	383
图版 380	第 176 号窟窟顶	384
图版 381	第 177 号窟外立面	385
图版 382	第 177 号窟正壁	386
图版 383	第 177 号窟左侧壁	387
图版 384	第 177 号窟左侧壁内侧坐像	388
图版 385	第 177 号窟左侧壁外侧立像	389
图版 386	第 177 号窟右侧壁	390
图版 387	第 177 号窟右侧壁内侧坐像	391
图版 388	第 177 号窟右侧壁外侧立像	392
图版 389	第 177 号窟窟顶	393
图版 390	第 178 号龛外立面	393
图版 391	第 179 号龛外立面	394
图版 392	第 180 号窟外立面	395
图版 393	第 180 号窟窟顶	396
图版 394	第 180 号窟正壁主尊菩萨像	397
图版 395	第 180 号窟主尊菩萨像头冠	398
图版 396	第 180 号主尊左侧菩萨像（左第 1、2 像）	399
图版 397	第 180 号窟左侧壁（左第 3—6 像）	400
图版 398	第 180 号窟主尊左侧及左侧壁内起第 3 身菩萨半身像	401
图版 399	第 180 号窟主尊左侧及左侧壁内起第 4 身菩萨半身像	402
图版 400	第 180 号窟主尊左侧及左侧壁内起第 5 身菩萨半身像	403
图版 401	第 180 号窟主尊右侧菩萨像（右第 1、2 像）	404
图版 402	第 180 号窟右侧壁（右第 3—6 像）	405
图版 403	第 180 号窟主尊右侧及右侧壁内起第 3 身菩萨半身像	406
图版 404	第 180 号窟主尊右侧及右侧壁内起第 4 身菩萨半身像	407
图版 405	第 180 号窟主尊右侧及右侧壁内起第 5 身菩萨半身像	408
图版 406	第 180-1 号龛外立面	409
图版 407	第 180-2 号龛外立面	409
图版 408	第 181、184 号龛外立面	410
图版 409	第 181 号龛右下胁侍像	411
图版 410	第 182 号龛外立面	412
图版 411	第 183 号龛外立面	413
图版 412	第 185 号龛外立面	414
图版 413	第 186 号龛外立面	415
图版 414	第 187 号龛外立面	416
图版 415	第 187 号龛正壁	417
图版 416	第 187 号龛左侧壁胁侍菩萨像	418
图版 417	第 187 号龛右侧壁胁侍菩萨像	418
图版 418	第 187-1 号龛外立面	419
图版 419	第 188 号龛外立面	420
图版 420	第 188 号龛左侧壁立像	421
图版 421	第 188 号龛右侧壁立像	421
图版 422	第 189 号龛外立面	422
图版 423	第 190 号龛外立面	423
图版 424	第 190 号龛正壁	424
图版 425	第 190 号龛左侧壁	425
图版 426	第 190 号龛右侧壁	425
图版 427	第 190 号龛低坛神将像	426
图版 428	第 190-1 号龛外立面	428
图版 429	第 191 号龛外立面	429
图版 430	第 191 号龛正壁	430
图版 431	第 191 号龛左壁	431
图版 432	第 191 号龛右壁	432

图版 433	第 191 号龛左沿外侧浅龛外立面	433
图版 434	第 191 号龛右沿外侧浅龛外立面	434
图版 435	第 192 号龛外立面	435

II 铭文图版

图版 1	第 102 号霍勤炌题书《教孝》碑	438
图版 2	第 103 号范祖禹书《古文孝经》碑第一面碑文	440
图版 3	第 103 号范祖禹书《古文孝经》碑第二面碑文	442
图版 4	第 103 号范祖禹书《古文孝经》碑第三面碑文	444
图版 5	第 103 号范祖禹书《古文孝经》碑第四面碑文	446
图版 6	第 103 号范祖禹书《古文孝经》碑第五面碑文	448
图版 7	第 103 号范祖禹书《古文孝经》碑第六面碑文	450
图版 8	第 104 号范祖禹撰赵懿简公神道碑及分组示意图	452
图版 8-1	范祖禹撰赵懿简公神道碑 A 组碑文	454
图版 8-2	范祖禹撰赵懿简公神道碑 B 组碑文	456
图版 8-3	范祖禹撰赵懿简公神道碑 C 组碑文	458
图版 8-4	范祖禹撰赵懿简公神道碑 D 组碑文	460
图版 8-5	范祖禹撰赵懿简公神道碑 E 组碑文	462
图版 8-6	范祖禹撰赵懿简公神道碑 F 组碑文	464
图版 9	第 110 号龛正壁左上方张辉造药师佛龛镌记	466
图版 10	第 110 号龛正壁右上方张辉造药师佛龛镌记	468
图版 11	第 115 号杨淮清等彩化佛像碑记	470
图版 12	第 122 号龛沿杨子孝书楹联	472
图版 13	第 123 号龛胡鑫甫等募建送子殿宇镌记	474
图版 14	第 130 号龛右沿外侧佚名造像残记	475
图版 15	第 134 号民国大足石刻考察团记事碑	476
图版 16	第 136 号窟正壁中龛左上方陈吉銮彩释迦佛像镌记	478
图版 17	第 136 号窟正壁中龛右上方佚名残镌记	480
图版 18	第 136 号窟正壁左菩萨头顶张莘民造观音像镌记	482
图版 19	第 136 号窟正壁右菩萨头顶陈文明造大势至菩萨等像镌记及匠师题名	484
图版 20	第 136 号窟左侧壁内龛赵彭年造文殊普贤像镌记	486
图版 21	第 136 号窟右侧壁外龛王陛造数珠手观音像镌记	488
图版 22	第 137 号维摩诘经变相分组示意图	490
图版 22-1	维摩诘经变相图上部	492
图版 22-2	维摩诘经变相图中部	494
图版 22-3	维摩诘经变相图下部	496
图版 23	第 137 号壁面左上方李大郎等摹刻维摩图记	498
图版 24	第 137 号壁面左上方文志造像记	498
图版 25	第 137 号壁面右上方佚名题刻	499
图版 26	第 137 号龛外右侧中部赵子充等游北山题名	499
图版 27	第 137 号外上方匾额内残记	500
图版 28	第 138 号 "烽烟永靖" 题刻	501
图版 29	第 140 号龛外佚名残记	502
图版 30	第 143 号鲁瀛五古十七韵诗	503
图版 31	第 149 号窟外右壁任宗易镌妆如意轮观音窟镌记	504
图版 32	第 149 号窟任宗易自赞	505

图版 33　第 149 号窟杜慧修自赞 ················ 506
图版 34　第 149 号窟左右壁内侧崔叮子题刻 ········ 508
图版 35　第 149 号窟左沿内侧郭庆祖逃暑岩阿题记 ···· 510
图版 36　第 149 号窟右沿内侧赵宋瑞等游北山题记 ···· 511
图版 37　第 149 号窟右沿刘子发等较试南昌毕事拉游北山题记 ····· 512
图版 38　第 155 号窟左壁"文言"题刻 ············ 513
图版 39　第 155 号窟左壁"伏氏"题刻 ············ 513
图版 40　第 155 号窟左壁"陈吉桩"题名 ·········· 513
图版 41　第 155 号窟左沿佚名残记 ················ 514
图版 42　第 155 号窟右沿佚名残记 ················ 515
图版 43　第 155 号窟中心石柱左侧伏元俊镌孔雀明王窟题名 ········ 516
图版 44　第 155 号窟右侧壁中上部左侧徐荣德妆彩孔雀明王佛洞中
　　　　诸神镌记 ··································· 517
图版 45　第 156 号赵紫光题《西域禅师坐化塔》诗 ···· 518
图版 46　第 160 号佚名残刻 ······················ 519
图版 47　第 163 号无尽老人语录碑 ················ 520
图版 48　第 168 号窟潘绂撰《西域坐化大禅师记事》碑碑额 ········ 522
图版 49　第 168 号窟潘绂撰《西域坐化大禅师记事》碑
　　　　及分组示意图 ······························· 523
图版 49-1　潘绂撰《西域坐化大禅师记事》碑 A 组碑文 ········· 524
图版 49-2　潘绂撰《西域坐化大禅师记事》碑 B 组碑文 ········· 526
图版 49-3　潘绂撰《西域坐化大禅师记事》碑 C 组碑文 ········· 528
图版 49-4　潘绂撰《西域坐化大禅师记事》碑 D 组碑文 ········· 530
图版 50　第 168 号窟正壁第三排第 7—11 像下方佚名残记 ········· 532
图版 51　第 168 号窟左壁第一排第 8—15 像下方何仪兴
　　　　镌妆罗汉像记 ······························· 532
图版 52　第 168 号窟左壁第一排第 29—36 像下方佚名画妆罗汉像
　　　　镌记 ······································· 533
图版 53　第 168 号窟左壁第二排第 2—6 像下方佚名残记 ········· 533
图版 54　第 168 号窟左壁第二排第 6—10 像下方文志认妆罗汉像
　　　　镌记 ······································· 534
图版 55　第 168 号窟左壁第二排第 32—33 像下方佚名残记 ········ 535
图版 56　第 168 号窟左壁第三排第 5—10 像下方小八
　　　　镌罗汉像记 ································· 536
图版 57　第 168 号窟左壁第三排第 20—23 像下方佚名残记 ········ 536
图版 58　第 168 号窟左壁第三排第 36 像下方佚名残记 ············ 537
图版 59　第 168 号窟左壁第四排第 14—17 像下方佚名造罗汉三身
　　　　镌记 ······································· 538
图版 60　第 168 号窟左壁第四排第 18—21 像下方王惟祖造像记 ···· 539
图版 61　第 168 号窟右壁第四排第 3—9 像下方赵仲□妆绚罗汉像
　　　　镌记 ······································· 540
图版 62　第 168 号窟右壁第四排第 13—17 像下方李世明造罗汉像
　　　　镌记 ······································· 540
图版 63　第 168 号窟右壁第四排第 19—20 像下方王惟祖造像记 ···· 541

图版 64　第 168 号窟右壁第三排第 2—17 像下方杨彦翔等追凉北山
　　　　题记 ······································· 542
图版 65　第 176 号窟伏元俊镌像记 ················ 543
图版 66　第 176 号窟左沿上部吕元锡等避暑北山题记 ···· 544
图版 67　第 176 号窟左沿内侧何□妆弥勒下生经变相镌记 ········· 545
图版 68　第 176 号窟左沿内侧赵循父登北山题记 ······ 546
图版 69　第 177 号窟左沿伏元俊镌泗洲大圣龛题名 ···· 547
图版 70　第 177 号窟上沿伏名残记 ················ 548
图版 71　第 180 号窟左侧壁第 4、5 身菩萨像上方佚名造像镌记 ···· 549
图版 72　第 180 号窟右侧壁第 2、3 身菩萨像间邓惟明造画普见
　　　　镌记 ······································· 549
图版 73　第 180 号窟右侧壁第 5 身菩萨像左上方佚名造像镌记 ····· 550
图版 74　第 180 号窟右侧壁第 5 身菩萨像右上方佚名造像镌记 ····· 551

Ⅰ 摄影图版

图版 1　北山佛湾北区石窟南段局部（由南向北）

图版 2　北山佛湾北区石窟中段局部（由南向北）

图版 3　北山佛湾北区石窟中段局部（由南向北）

图版 4　北山佛湾北区石窟南侧空隙地带

图版 5　第 101—104 号

Ⅰ 摄影图版　9

图版 6　第 101 号龛外立面

图版 7　第 101 号龛左侧壁弟子像

图版 8　第 103、104 号龛外立面

图版 9　第 105 号龛南侧

图版 10　第 123 号龛北侧

图版 11　第 105—113 号

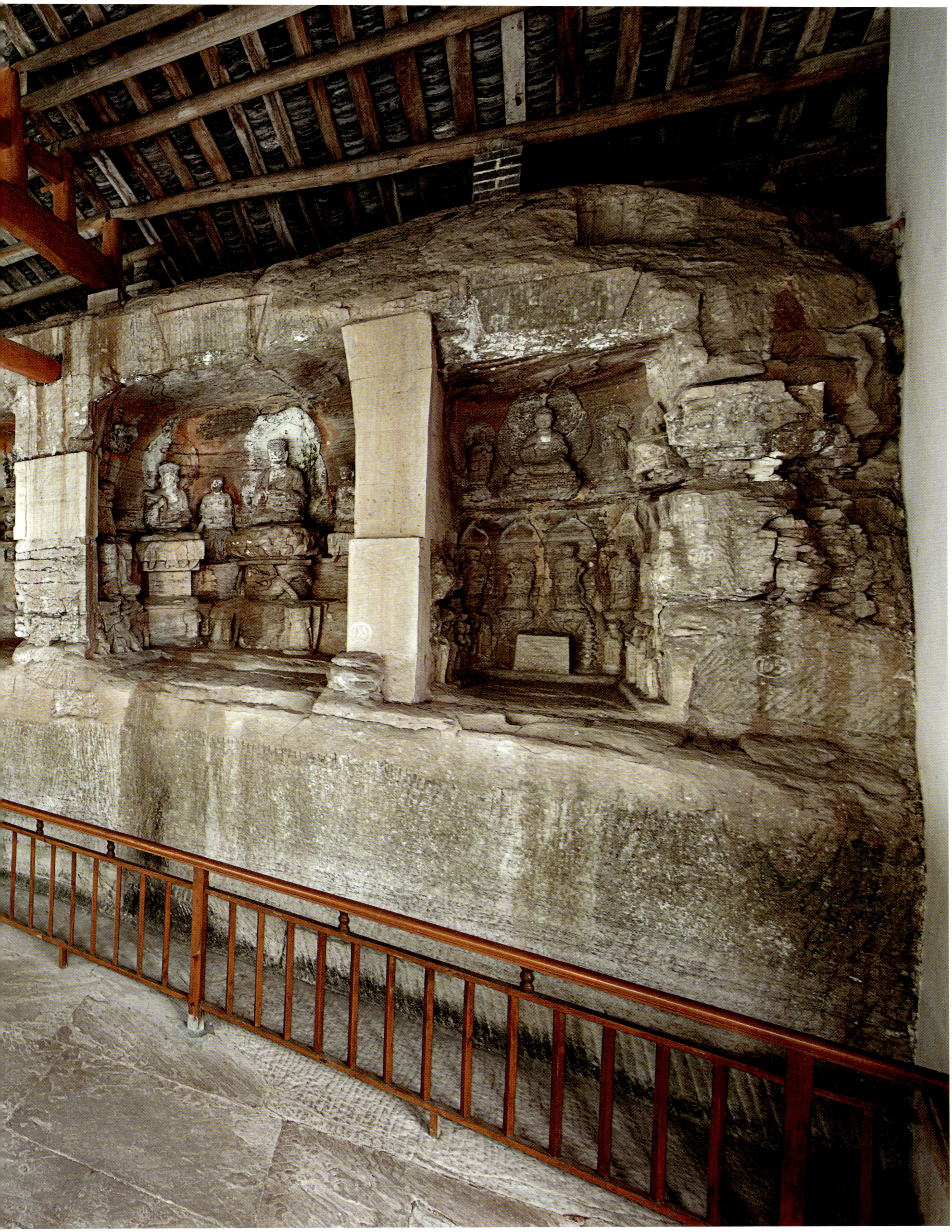

图版 12　第 114—123 号（数码拼接）

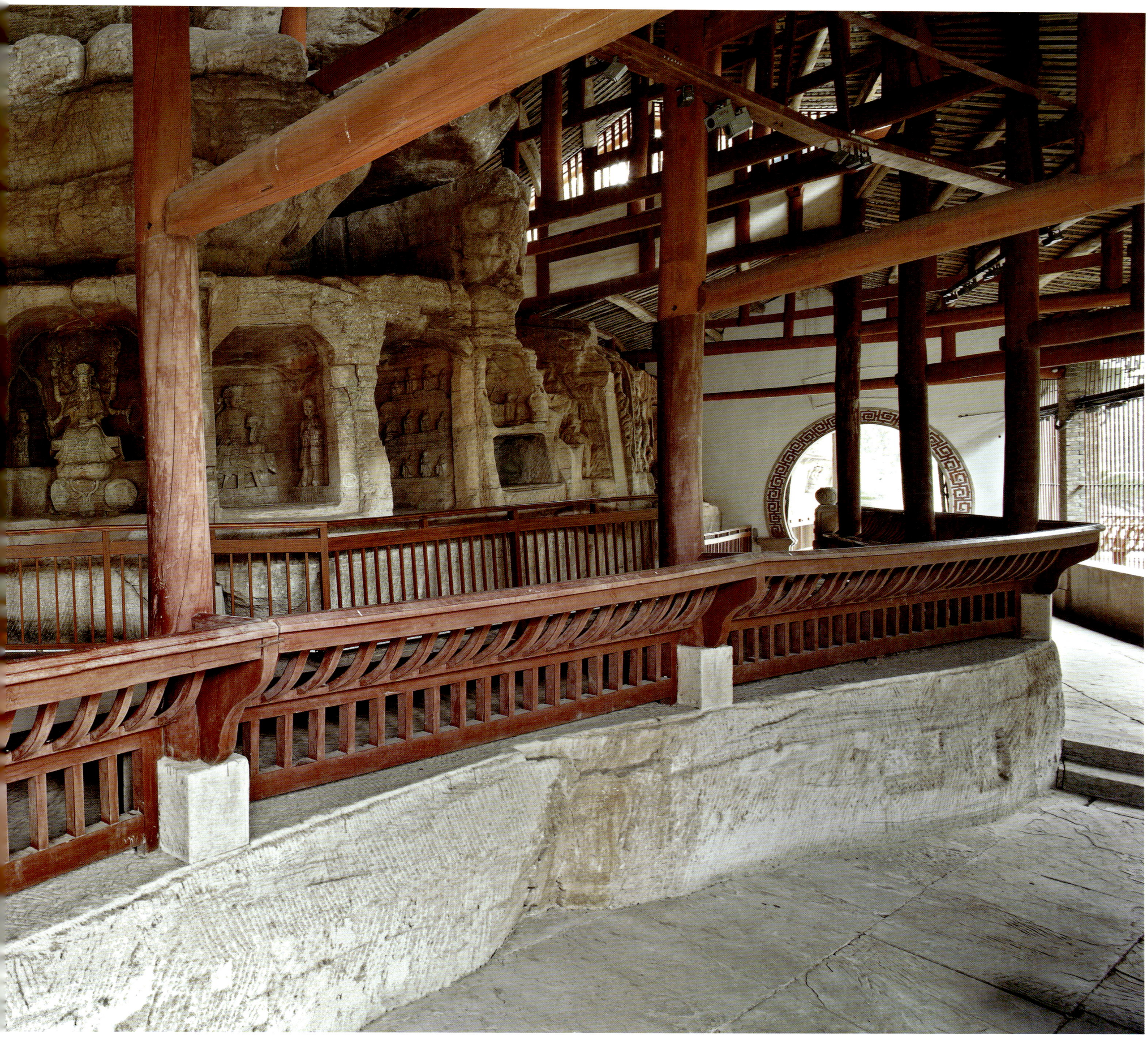

图版13 第105号龛外立面

图版 14　第 105 号龛龛顶

图版 15 第 105 号龛正壁

图版 16　第 105 号龛左侧壁

图版 17　第 105 号龛右侧壁

图版 18　第 106 号龛外立面

图版 19　第 106 号龛龛顶

图版 20　第 106 号龛正壁主尊佛像

图版21　第106号龛正壁左菩萨像

图版 22　第 106 号龛正壁右菩萨像

图版 23　第 106 号龛左侧壁

图版 24　第 106 号龛右侧壁

图版 25　第 107 号龛外立面

图版 26　第 107 号龛龛顶

图版 27　第 107 号龛正壁上层造像

图版 28　第 107 号龛正壁中层造像

图版 29　第 107 号龛正壁下层造像

图版 30　第 107 号龛左侧壁

图版 31　第 107 号龛右侧壁

图版 32　第 108 号龛外立面

图版 33　第 109 号龛外立面

图版 34　第 110 号龛外立面

图版35　第110号龛龛顶

图版 36　第 110 号龛正壁

图版 37　第 110 号龛左侧壁

图版 38　第 110 号龛右侧壁

图版 39　第 111 号龛外立面

图版 40　第 111 号龛龛顶

图版 41　第 111 号龛正壁

图版 42　第 111 号龛左侧壁

图版 43　第 111 号龛右侧壁

图版 44　第 111 号龛正壁与左侧壁转折壁面造像

图版 45　第 111 号龛正壁与右侧壁转折壁面造像

图版 46　第 112 号龛外立面

图版 47　第 112 号龛龛顶

图版 48　第 112 号龛正壁

图版49　第112号龛正壁供养人像

图版 50　第 112 号龛左侧壁

图版 51　第 112 号龛右侧壁

图版 52　第 113 号龛外立面

图版 53　第 113 号龛正壁主尊菩萨像

图版 54　第 113 号龛左侧壁

图版 55　第 113 号龛右侧壁

图版 56　第 114 号窟外立面

图版 57 第 114 号窟窟室

图版 58　第 116 号龛外立面

图版 59　第 116-1 号龛外立面

图版 60　第 117 号龛外立面

图版61　第117号龛龛顶

图版 62　第 117 号龛正壁

图版 63　第 117 号龛龛顶华盖飞天

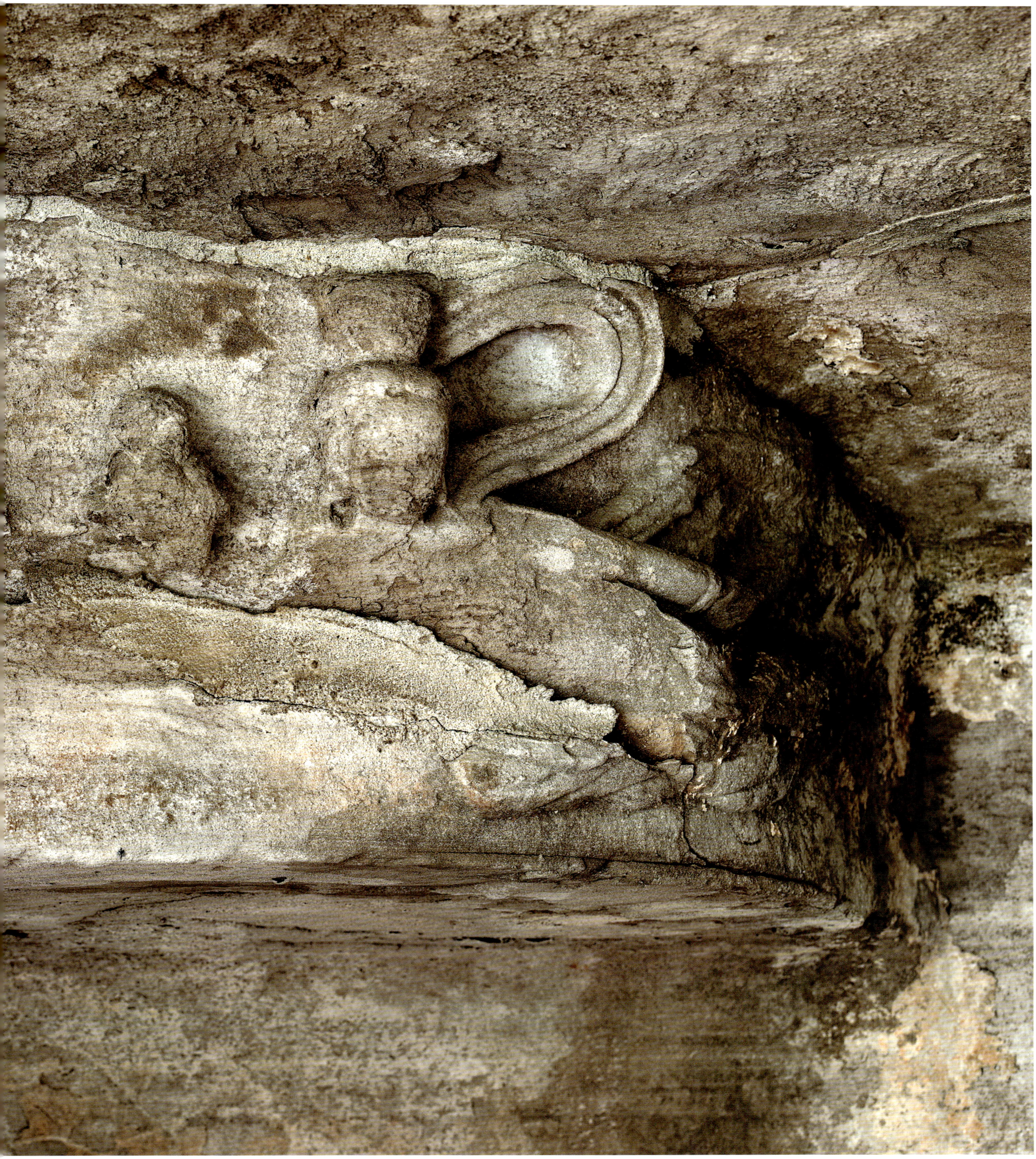

图版 64　第 117 号龛左侧壁

图版 65　第 117 号龛右侧壁

图版 66　第 118 号龛外立面

图版 67　第 118 号龛正壁主尊菩萨像

图版 68　第 118 号龛左壁侍者像

图版69　第118号龛右壁侍者像

图版 70　第 119 号龛外立面

图版 71　第 119 号龛龛顶

图版 72　第 119 号龛龛底

图版 73　第 119 号龛正壁主尊菩萨像

图版 74　第 119 号龛龛顶覆莲

图版 75　第 119 号龛左侍者像

图版 76　第 119 号龛右侍者像

图版 77　第 119 号龛左壁立像

图版78　第119号龛右壁立像

图版 79　第 120 号龛外立面

图版 80　第 120 号龛龛顶

图版 81　第 120 号龛左侍者像

图版 82　第 120 号龛右侍者像

图版 83　第 121 号龛外立面

图版 84　第 121 号龛龛顶

图版 85　第 121 号龛左侧壁

图版 86　第 121 号龛左侧壁下部供养人像

图版 87　第 121 号龛左侧壁上部造像

图版 88　第 121 号龛右侧壁

图版 89　第 121 号龛右侧壁下部供养人像

图版 90　第 121 号龛右侧壁上部造像

图版 91　第 122 号龛外立面

图版 92　第 122 号龛正壁主尊造像

图版 93　第 122 号龛左侧壁

图版 94　第 122 号龛右侧壁

图版 95　第 123 号龛外立面

图版 96　第 123 号龛龛顶

图版 97　第 123 号龛正壁主尊佛像

图版 98　第 123 号龛左侧壁菩萨像

图版 99　第 123 号龛右侧壁菩萨像

图版 100　第 123 号龛左侧壁供养人像

图版 101　第 123 号龛右侧壁供养人像

图版 102　第 124 号龛南侧

图版 103　第 145 号龛北侧

图版 104　第 124—136 号（由南向北）

Ⅰ 摄影图版　109

图版 105　第 137—145 号

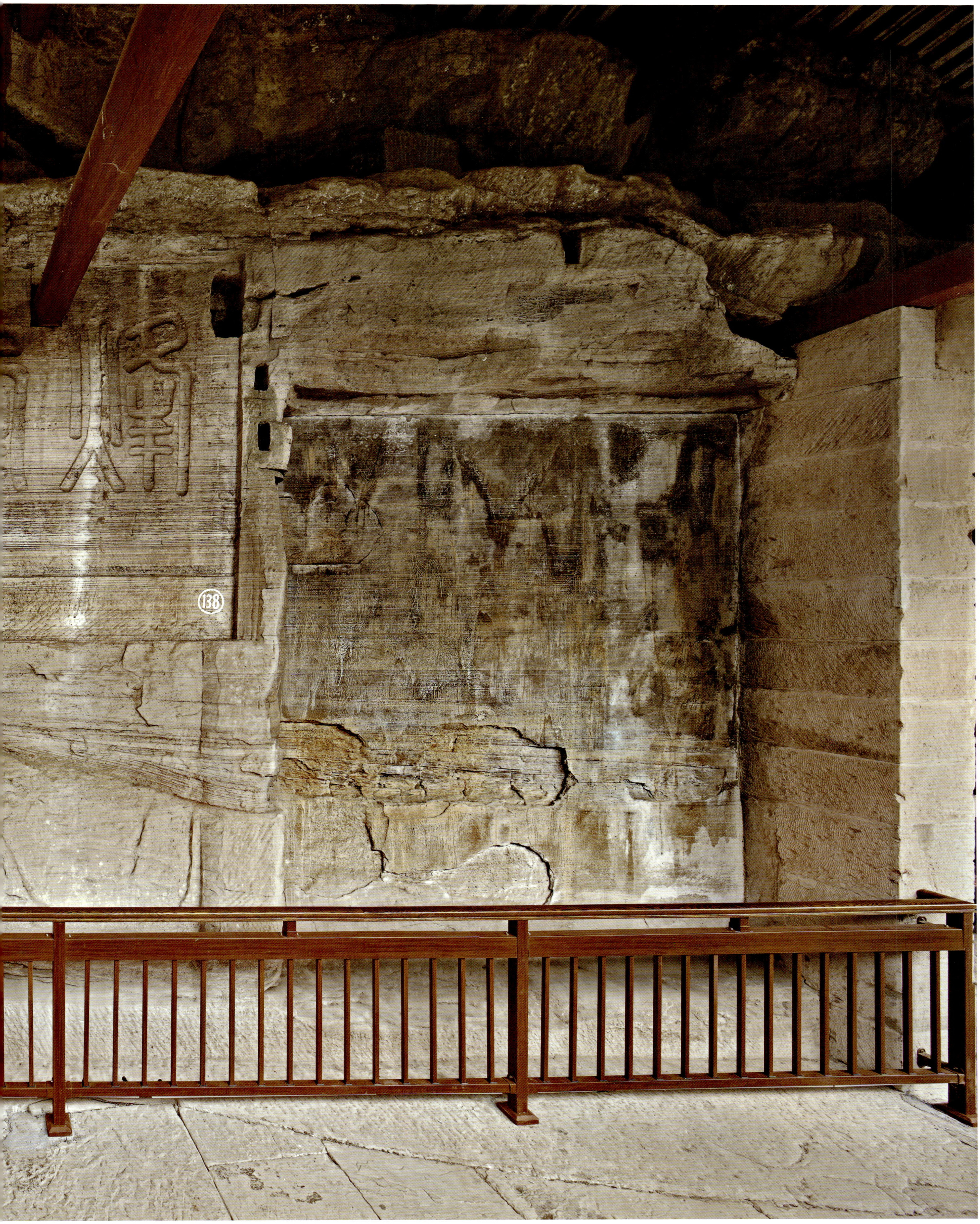
138

图版 106　第 124 号龛外立面

图版 107　第 125 号龛外立面

图版 108　第 125 号龛龛顶

图版 109　第 125 号龛正壁主尊菩萨像

图版 110　第 125 号龛左侧壁

图版 111　第 125 号龛右侧壁

图版 112　第 126 号龛外立面

图版113　第126号龛龛顶

图版 114　第 126 号龛左侧壁造像

图版115 第126号龛右侧壁造像

图版 116　第 127 号龛外立面

图版117　第127号龛左侧壁造像

图版118　第127号龛右侧壁造像

图版 119　第 128 号龛外立面

图版 120　第 128 号龛龛顶

图版 121　第 128 号龛正壁主尊菩萨像

图版 122　第 128 号龛左侧壁

图版123　第128号龛右侧壁

图版 124　第 128 号龛左侧壁供养人像

图版 125　第 128 号龛右侧壁供养人像

图版 126　第 129 号龛外立面

图版 127　第 129 号龛左壁立像

图版 128 第 129 号龛右壁立像

图版 129　第 130 号龛外立面

图版130 第130号龛龛顶

图版131　第130号龛正壁主尊像

图版 132　第 130 号龛正壁上部造像

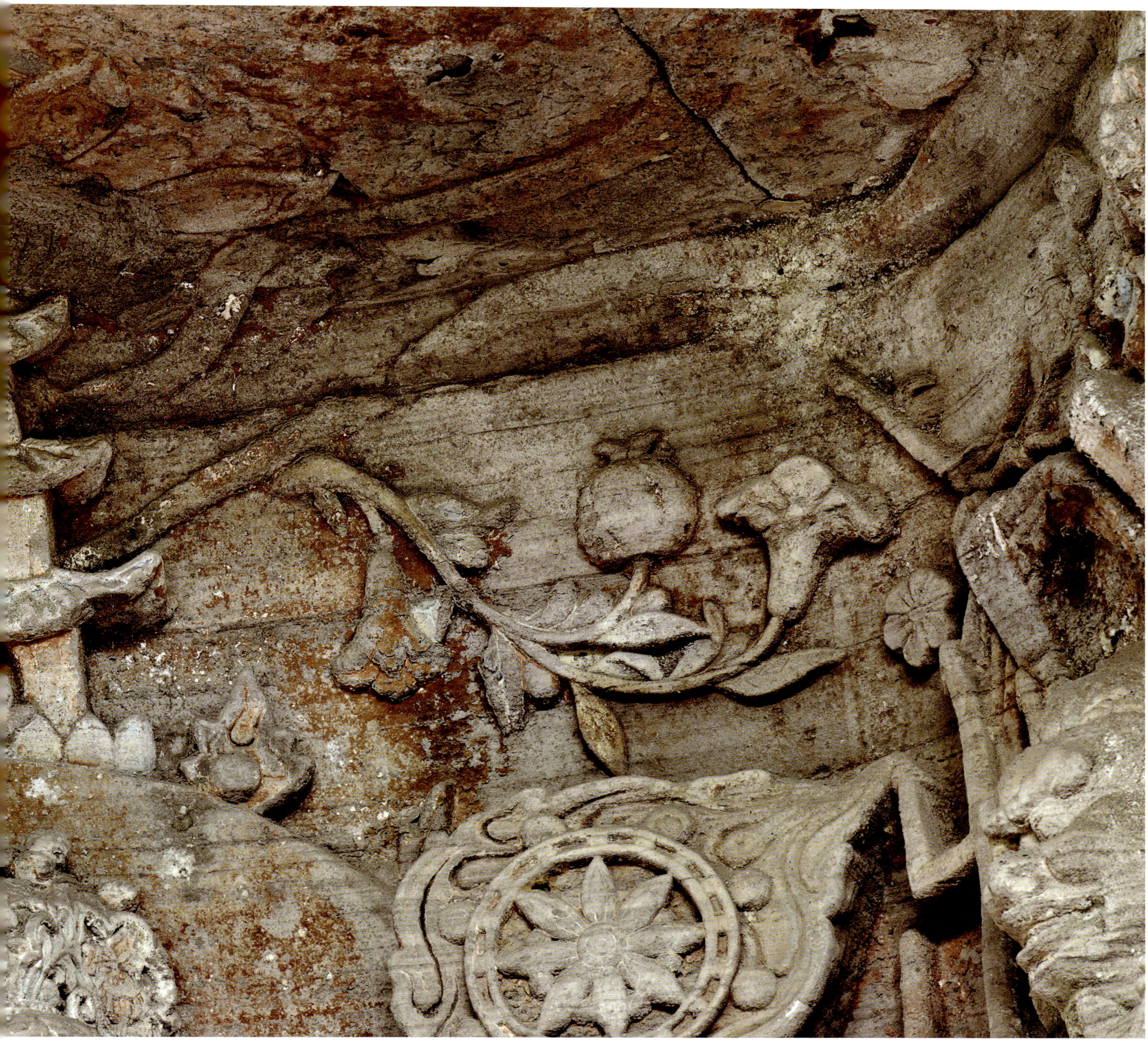

图版 133　第 130 号龛龛顶覆莲

图版 134　第 130 号龛左侧壁

图版 135　第 130 号龛左侧壁上层外侧力士像

图版 136　第 130 号龛左侧壁上层内侧力士像

图版137　第130号龛左侧壁下层外侧力士像

图版 138　第 130 号龛左侧壁下层内侧力士像

图版 139　第 130 号龛右侧壁

图版 140　第 130 号龛右侧壁上层外侧力士像

图版 141　第 130 号龛右侧壁上层内侧力士像

图版 142　第 130 号龛右侧壁下层外侧力士像

图版143　第130号龛右侧壁下层内侧力士像

图版 144　第 131 号龛外立面

图版 145　第 131 号龛左立像

图版 146　第 131 号龛右立像

图版 147　第 132 号龛外立面

图版 148　第 132 号龛左壁立像

图版 149　第 132 号龛右壁立像

图版150　第133号窟外立面

图版 151　第 133 号窟窟顶

图版 152　第 133 号窟正壁

图版153　第133号窟正壁主尊菩萨像

图版154 第133号窟正壁左侍者像

图版 155　第 133 号窟正壁右侍者像

图版 156　第 133 号窟左侧壁

图版 157　第 133 号窟左侧壁外侧武士像

图版158　第133号窟左侧壁外侧武士举持的法轮

图版 159　第 133 号窟左侧壁内侧武士像

图版 160　第 133 号窟右侧壁

图版 161　第 133 号窟右侧壁外侧武士像

图版 162　第 133 号窟右侧壁内侧武士像

图版 163　第 133 号窟窟底后侧云气纹

图版 164　第 135 号龛外立面

图版 165　第 135 号龛正壁上部造像

图版166　第135号龛正壁下部造像

图版 167　第 135 号龛左侧壁飞天像

图版 168　第 135 号龛右侧壁飞天像

图版 169　第 136 号窟外立面

I 摄影图版 175

图版170　第136号窟窟顶（数码拼接）

图版 171　第 136 号窟转轮藏

图版 172　第 136 号窟转轮藏基台

图版 173　第 136 号窟转轮藏基台底部北面水波纹

图版 174　第 136 号窟转轮藏平座勾栏西北面造像

图版 175　第 136 号窟转轮藏平座勾栏西面造像

图版 176　第 136 号窟转轮藏平座勾栏西南面造像

图版 177　第 136 号窟转轮藏平座勾栏南面造像

图版 178　第 136 号窟转轮藏平座勾栏东南面造像

图版 179　第 136 号窟转轮藏平座勾栏东面造像

图版180　第136号窟转轮藏平座勾栏东北面造像

图版181　第136号窟转轮藏平座勾栏北面造像

Ⅰ 摄影图版　183

图版 182　第 136 号窟转轮藏西北面帐柱

图版 183　第 136 号窟转轮藏西面帐柱

图版 184　第 136 号窟转轮藏西南面帐柱　　　　　　　　　　　　图版 185　第 136 号窟转轮藏南面帐柱

图版 186　第 136 号窟转轮藏东南面帐柱

图版 187　第 136 号窟转轮藏东面帐柱

图版 188　第 136 号窟转轮藏东北面帐柱　　　　　　　　　　　　图版 189　第 136 号窟转轮藏北面帐柱

图版 190　第 136 号窟转轮藏西北面帐顶

图版 191　第 136 号窟转轮藏西面帐顶

图版192　第136号窟转轮藏西南面帐顶

图版193　第136号窟转轮藏南面帐顶

图版 194　第 136 号窟转轮藏东南面帐顶

图版 195　第 136 号窟转轮藏东面帐顶

图版196　第136号窟转轮藏东北面帐顶

图版197　第136号窟转轮藏北面帐顶

图版 198　第 136 号窟正壁

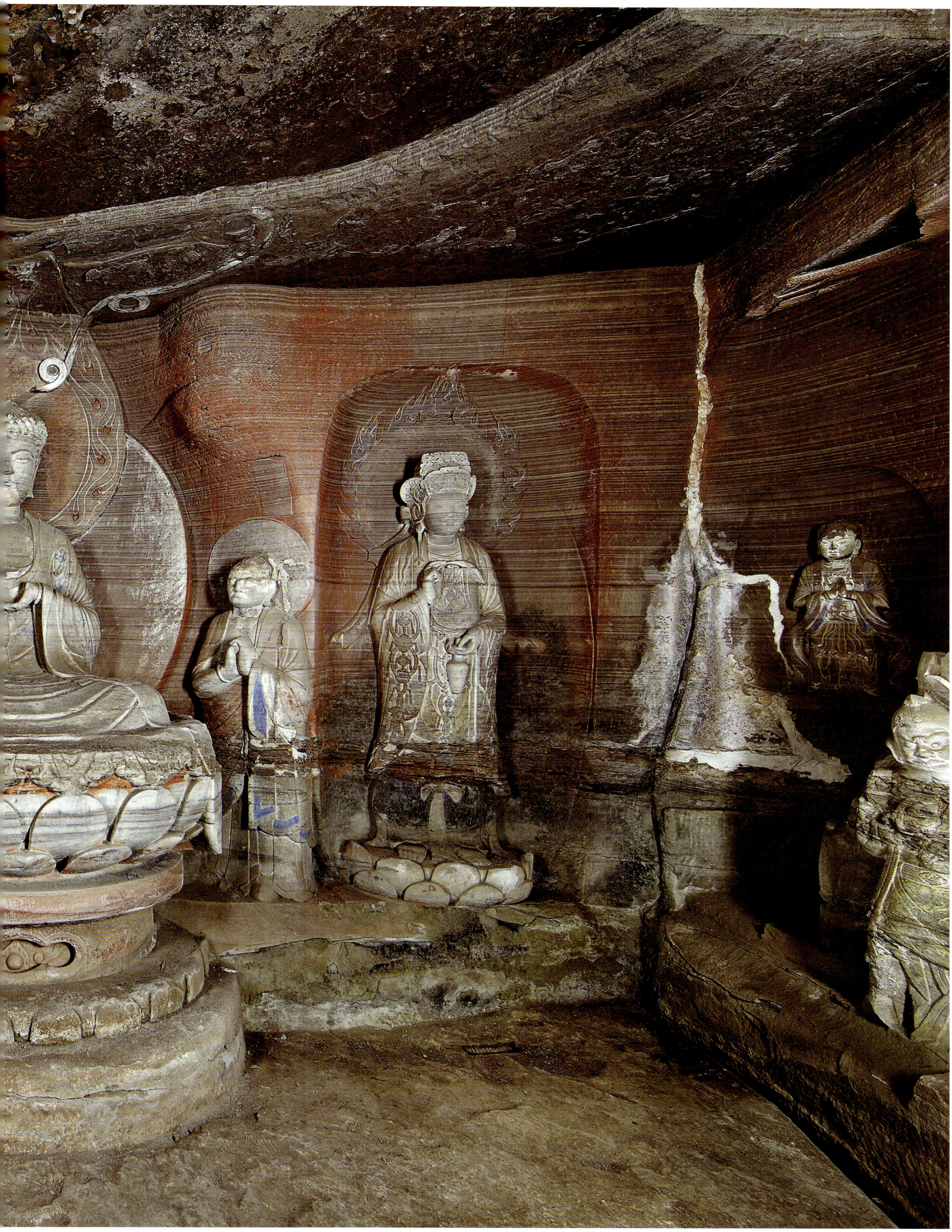

图版199　第136号窟正壁中龛外立面

图版 200　第 136 号窟正壁中龛左弟子像

图版 201　第 136 号窟正壁中龛右弟子像

图版202　第136号窟正壁左龛外立面

图版 203　第 136 号窟正壁右龛外立面

图版 204　第 136 号窟正壁右端中部供养人像

图版 205　第 136 号窟左侧壁内龛外立面

图版 206　第 136 号窟左侧壁内龛主尊菩萨像

图版 207　第 136 号窟左侧壁内龛狮奴像

图版 208　第 136 号窟左侧壁内龛童子像

图版 209　第 136 号窟左侧壁中龛外立面

图版210　第136号窟左侧壁中龛主尊菩萨像

图版 211　第 136 号窟左侧壁中龛主尊菩萨像头冠

图版212　第136号窟左侧壁中龛左侍者像

图版 213　第 136 号窟左侧壁中龛右侍者像

图版214　第136号窟左侧壁外龛外立面

图版 215　第 136 号窟左侧壁外龛主尊菩萨像

图版216　第136号窟左侧壁外侧力士像

图版 217　第 136 号窟右侧壁内龛外立面

图版218　第136号窟右侧壁内龛主尊菩萨像

图版 219　第 136 号窟右侧壁内龛象奴像

图版220　第136号窟右侧壁内龛童子像

图版 221　第 136 号窟右侧壁中龛外立面

图版 222　第 136 号窟右侧壁中龛主尊菩萨像

图版 223　第 136 号窟右侧壁中龛主尊菩萨像头冠

图版 224　第 136 号窟右侧壁中龛主尊座台正面童子像

图版 225　第 136 号窟右侧壁中龛左侍者像

图版 226　第 136 号窟右侧壁中龛右侍者像

图版 227　第 136 号窟右侧壁外龛外立面

图版228　第136号窟右侧壁外龛主尊菩萨像头冠

图版 229　第 136 号窟右侧壁外侧力士像

图版 230　第 137 号龛外立面

图版231　第139号龛外立面

图版 232　第 140 号龛外立面

图版 233　第 140 号龛左侧壁立像

图版234　第141号龛外立面

图版235　第142、144号龛外立面

图版 236　第 145 号龛外立面

图版 237　第 145 号龛左立像

图版 238　第 146 号龛南侧

图版 239　第 164 号龛北侧

图版 240　第 146—164 号（由南向北）

I 摄影图版 235

图版 241　第 146—164 号（由北向南）

Ⅰ 摄影图版 237

图版 242　第 146—155 号

I 摄影图版 239

图版 243　第 160—162 号

图版 244　第 163、164 号龛

图版 245　第 146 号龛外立面

图版 246　第 147 号龛外立面

图版247　第147号龛正壁

图版 248　第 147 号龛左侧壁

图版 249　第 147 号龛右侧壁

图版 250　第 147 号龛龛底前侧神将像

图版251 第147号龛龛顶

图版252　第148号龛外立面

图版 253　第 149 号窟外立面

图版 254　第 149 号窟窟顶

图版 255　第 149 号窟正壁

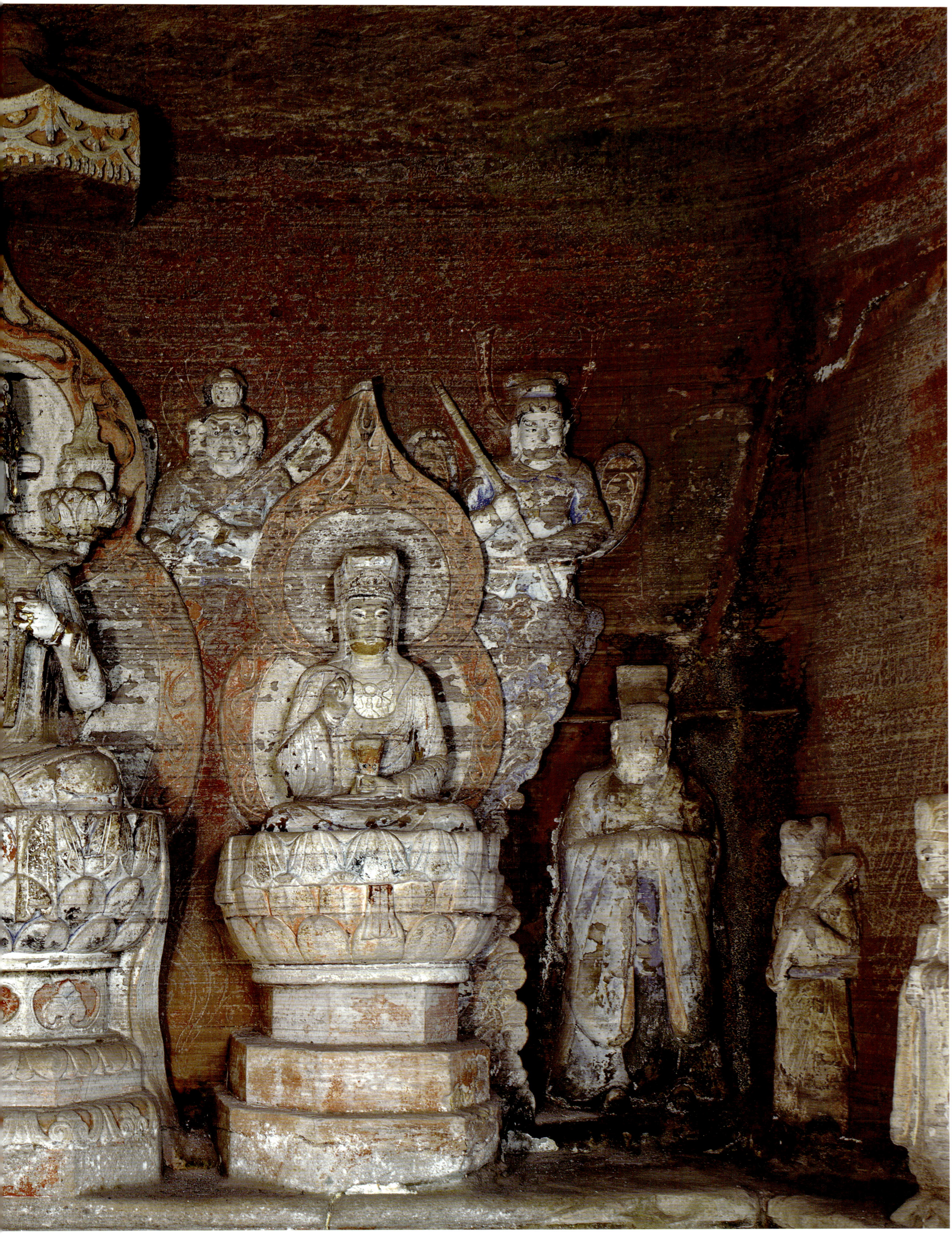

图版 256　第 149 号窟正壁主尊菩萨像

图版 257　第 149 号窟正壁左胁侍菩萨像

图版 258　第 149 号龛正壁右胁侍菩萨像

图版259　第149号窟正壁左端官员像

图版 260　第 149 号窟正壁左端男侍像

图版 261　第 149 号窟正壁右端贵妇像

图版262　第149号窟正壁右端侍女像

图版 263　第 149 号窟左侧壁

图版 264　第 149 号窟左侧壁上部造像

I 摄影图版 263

图版265　第149号窟左侧壁上部上排由外及内第2像

图版266　第149号窟左侧壁上部下排由外及内第1—3像

图版 267　第 149 号窟右侧壁

图版 268　第 149 号窟右侧壁上部造像

红崖不语而圣人

图版269　第151号龛外立面

图版270　第151-1号龛外立面

图版 271　第 152 号龛外立面

图版 272　第 153 号龛外立面

图版 273　第 154 号龛外立面

图版 274　第 155 号窟外立面

图版 275　第 155 号窟窟顶

图版 276　第 155 号窟中心石柱外立面

图版 277　第 155 号窟中心石柱后部

图版 278　第 155 号窟中心石柱正面主尊菩萨像

图版279 第155号窟正壁

图版 280　第 155 号窟正壁中部上方浅龛外立面

图版 281　第 155 号窟正壁左侧中部方龛外立面

图版 282　第 155 号窟左侧壁

Ⅰ 摄影图版 281

图版 283　第 155 号窟左侧壁中部上方坐佛及弟子像

图版 284　第 155 号窟左侧壁第十二排左起第 4、5 身小坐像

图版 285　第 155 号窟左侧壁第十三排左起第 5、6 身小坐像

图版 286　第 155 号窟石侧壁

图版 287　第 155 号窟右侧壁中部上方坐佛像

图版 288　第 155 号窟右侧壁内侧中部浅龛外立面

图版 289　第 155 号窟右侧壁内侧下部四身残像

图版 290　第 155 号窟右侧壁第九排右起第 9 身小坐像

图版 291　第 155 号窟右侧壁第十排右起第 5 身小坐像

图版 292　第 155 号窟左沿上龛外立面　　　　　　　　图版 293　第 155 号窟左沿下龛外立面

Ⅰ 摄影图版　289

图版 294　第 157 号龛外立面

图版 295　第 158 号龛外立面

图版 296　第 159 号龛外立面

图版 297　第 161 号龛外立面

图版 298　第 161 号龛左侧壁立像

图版 299　第 161 号龛右侧壁立像

图版 300　第 162 号龛外立面

图版 301　第 164 号龛外立面

图版 302　第 164 号龛左侧壁

图版 303　第 164 号龛右侧壁

图版 304　第 165 号龛南侧

图版 305　第 192 号龛北侧

图版306　第165—192号（由南向北）

图版 307　第 165—192 号（由北向南）

图版 308　第 165—171 号及第 171-1 号

Ⅰ 摄影图版 305

图版 309　第 172—177 号

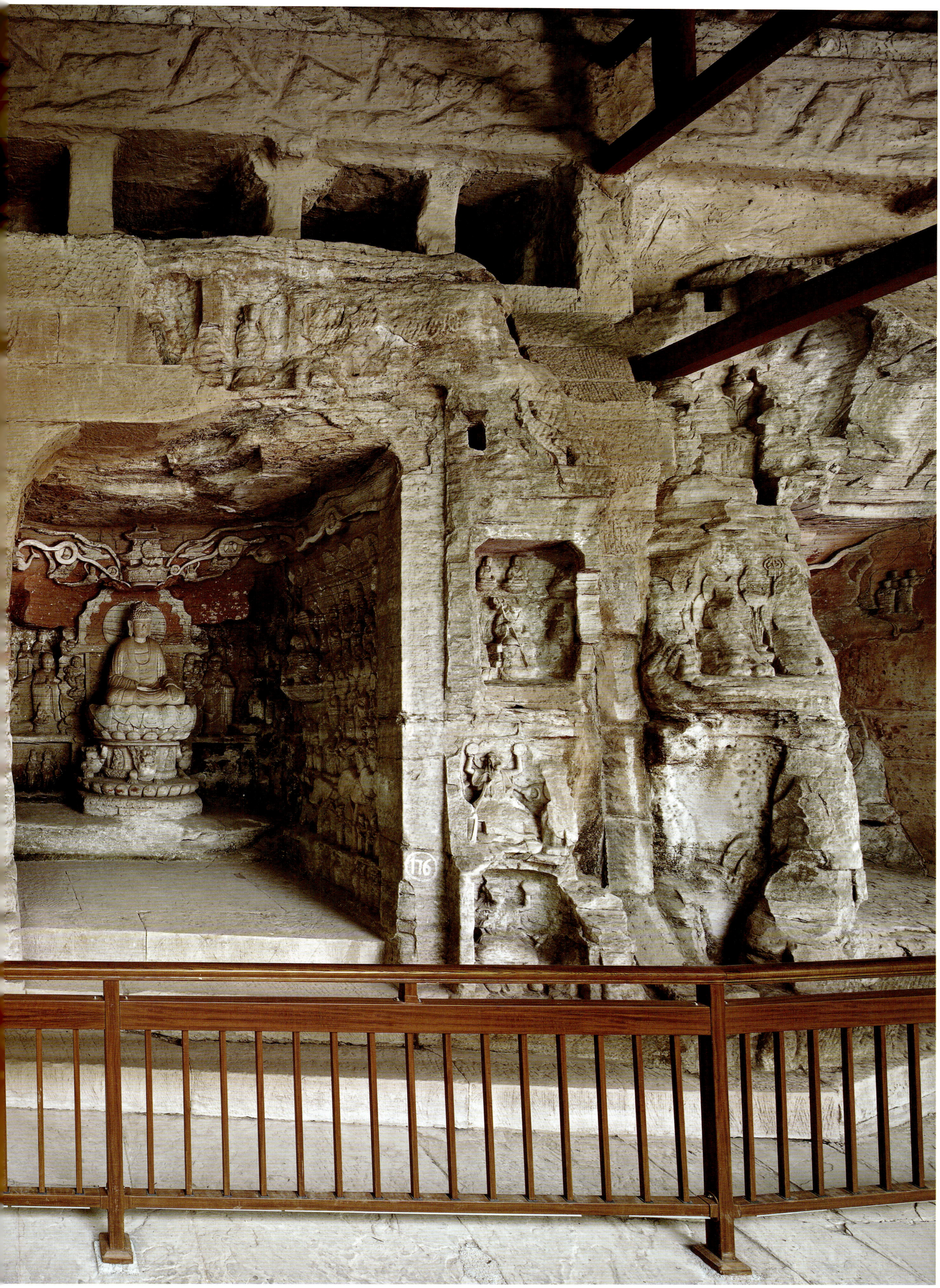
176

图版 310　第 178—184 号

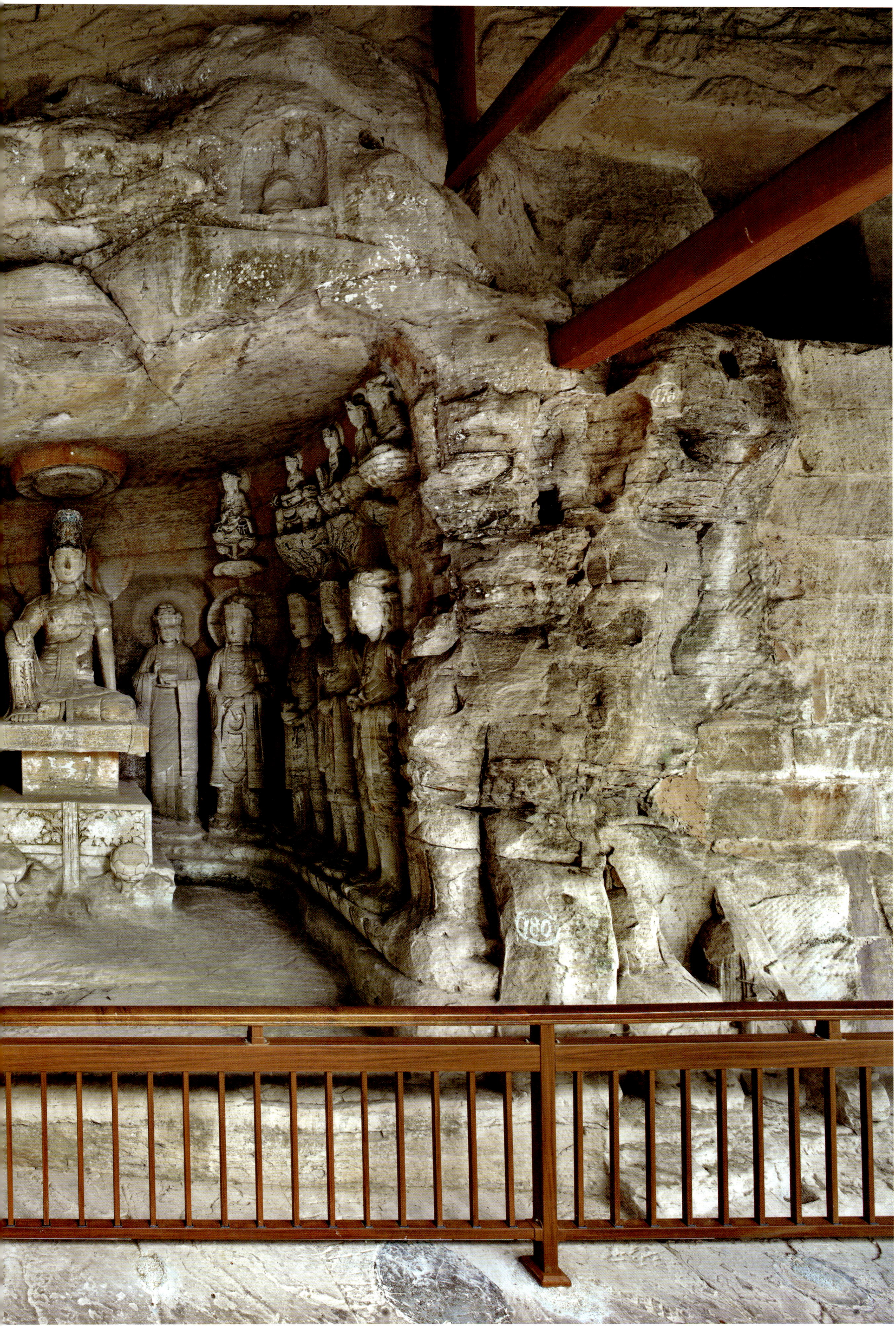

图版311 第185—191号

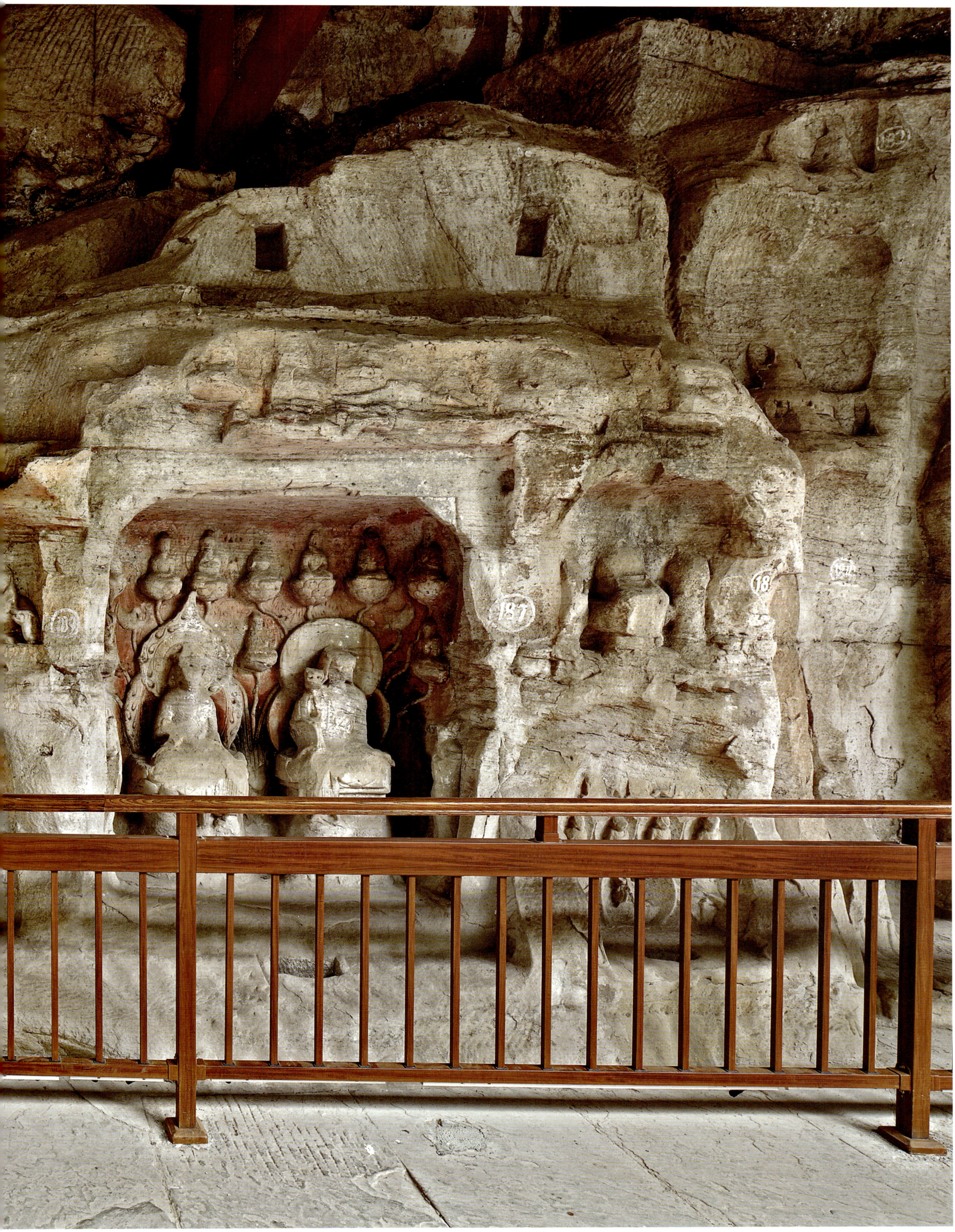

图版 312　第 191、192 号龛

图版313　第165号龛外立面

图版 314　第 165 号龛主尊菩萨像

图版 315　第 165 号龛左侧壁

图版 316　第 165 号龛右侧壁

图版 317　第 166 号龛外立面

图版318　第167号龛外立面

图版 319　第 168 号窟外立面

图版 320　第 168 号窟窟顶

图版 321　第 168 号窟正壁（正射影像）

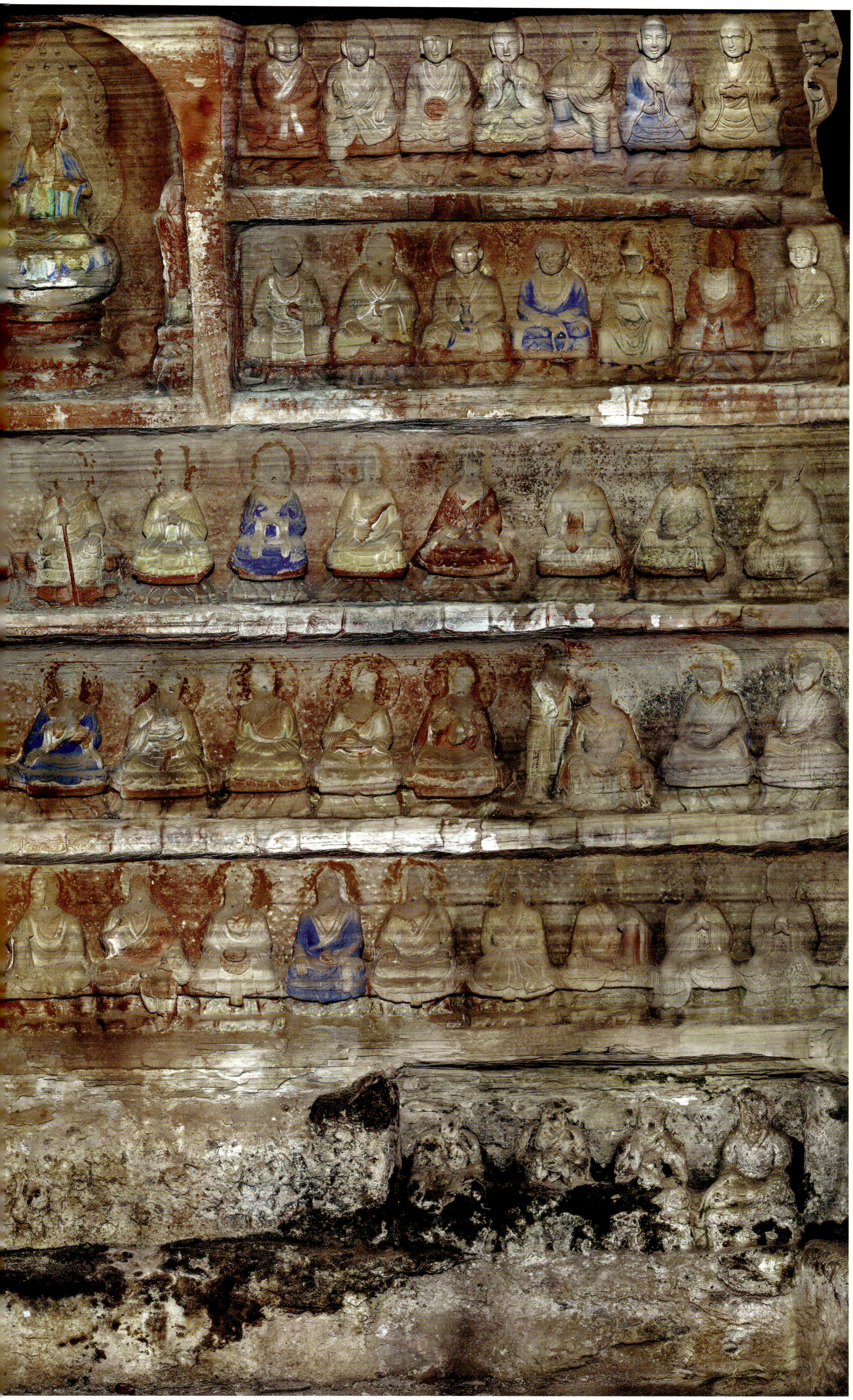

图版 322　第 168 号窟正壁方龛外立面

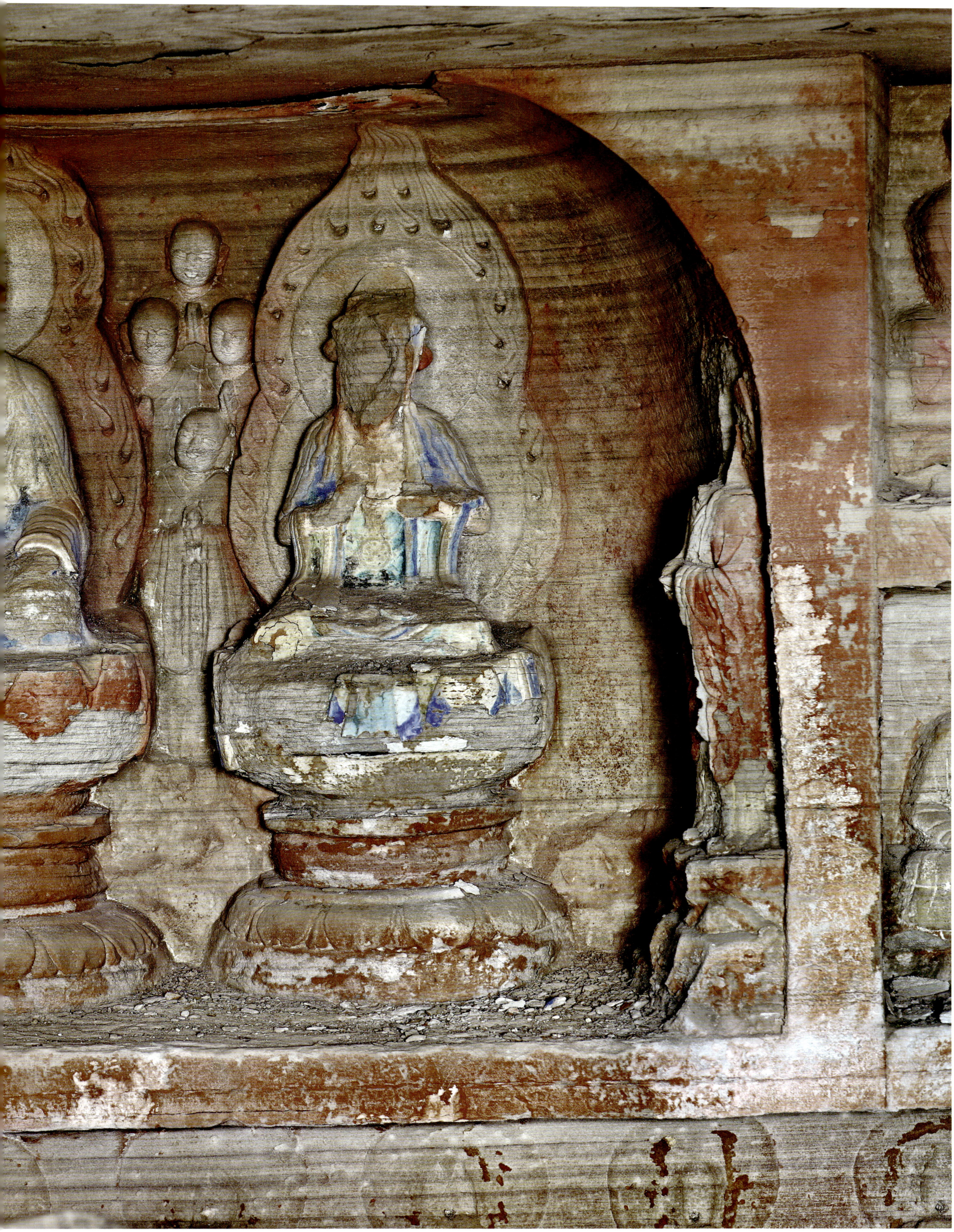

图版 323　第 168 号窟正壁方龛左壁立像

图版 324　第 168 号窟正壁方龛右壁立像

图版 325 第 168 号窟正壁第一排左起第 1 身罗汉像

图版 326　第 168 号窟正壁第一排左起第 2 身罗汉像

图版 327　第 168 号窟正壁第一排左起第 3 身罗汉像

图版328　第168号窟正壁第一排左起第8身罗汉像

图版 329　第 168 号窟正壁第一排左起第 9 身罗汉像

图版 330　第 168 号窟左壁

图版 331　第 168 号窟左壁一佛二菩萨像

图版 332　第 168 号窟左壁第一排左起第 8 身罗汉像

图版 333　第 168 号窟左壁第一排左起第 9 身罗汉像

图版 334　第 168 号窟左壁第一排左起第 36 身罗汉像

图版 335　第 168 号窟左壁第二排左起第 6 身罗汉像

图版 336　第 168 号窟左壁第二排左起第 7 身罗汉像

图版 337　第 168 号窟左壁第二排左起第 9 身罗汉像

图版 338　第 168 号窟右壁

图版339 第168号窟右壁一佛二菩萨像

图版 340　第 168 号窟右壁第一排右起第 5 身罗汉像

图版 341　第 168 号窟石壁第二排右起第 3 身罗汉像

图版 342　第 168 号窟右壁第二排右起第 8 身罗汉像

图版 343　第 168 号窟右壁第二排右起第 14 身罗汉像

图版 344　第 168 号窟窟底石塔

图版 345　第 169 号龛外立面

图版346　第169号龛正壁

图版 347　第 169 号龛左侧壁

图版 348　第 169 号龛右侧壁

图版349　第170号龛外立面

图版 350　第 171 号龛外立面

图版 351　第 171-1 号龛外立面

图版352　第171-1号龛左侧壁坐像

图版 353　第 171-1 号龛右侧壁坐像

图版 354　第 172 号龛外立面

图版 355　第 173 号龛外立面

图版 356　第 173 号龛左侧壁立像 　　　　　　　　　　　　图版 357　第 173 号龛右侧壁立像

图版 358　第 174 号龛外立面

图版 359　第 174 号龛左侧壁立像

图版 360　第 174 号龛右侧壁立像

图版 361　第 175 号龛外立面

图版362 第175-1号龛外立面

图版 363　第 176 号窟外立面

图版 364　第 176 号窟正壁

图版 365　第 176 号窟左侧壁

图版 366　第 176 号窟左侧壁中部造像

辞海父山君于
秋□□日□此
□斡□□山□

图版 367 第 176 号窟左侧壁中部右侧造像

图版 368　第 176 号窟左侧壁中部左侧造像

图版369 第176号窟左侧壁下部造像

I 摄影图版　371

图版 370　第 176 号窟左侧壁下部第 1 组造像

图版371　第176号窟右侧壁

图版 372　第 176 号窟右侧壁中部造像

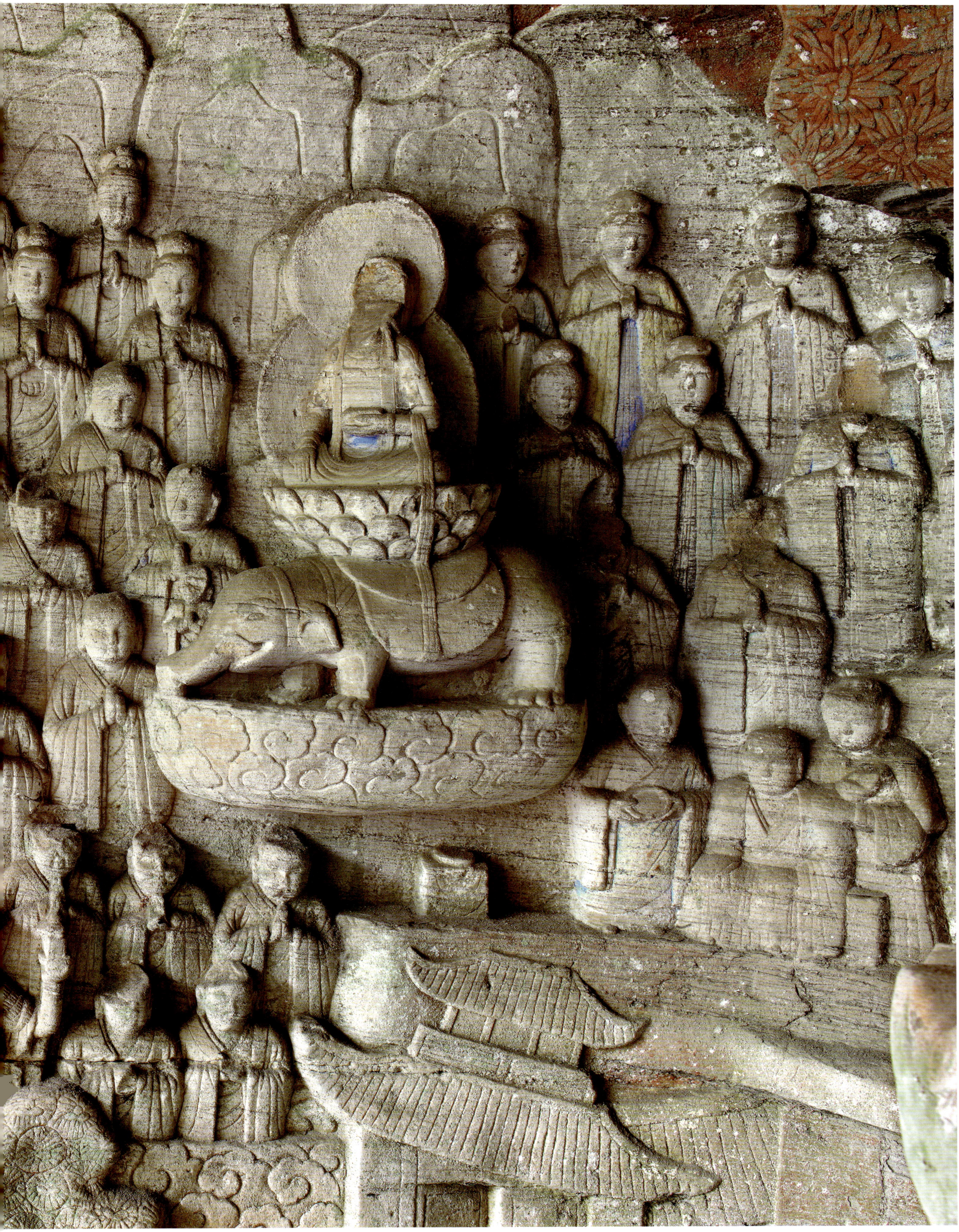

图版 373　第 176 号窟右侧壁中部左侧造像

图版 374　第 176 号窟右侧壁中部右侧造像

图版 375　第 176 号窟右侧壁下部造像

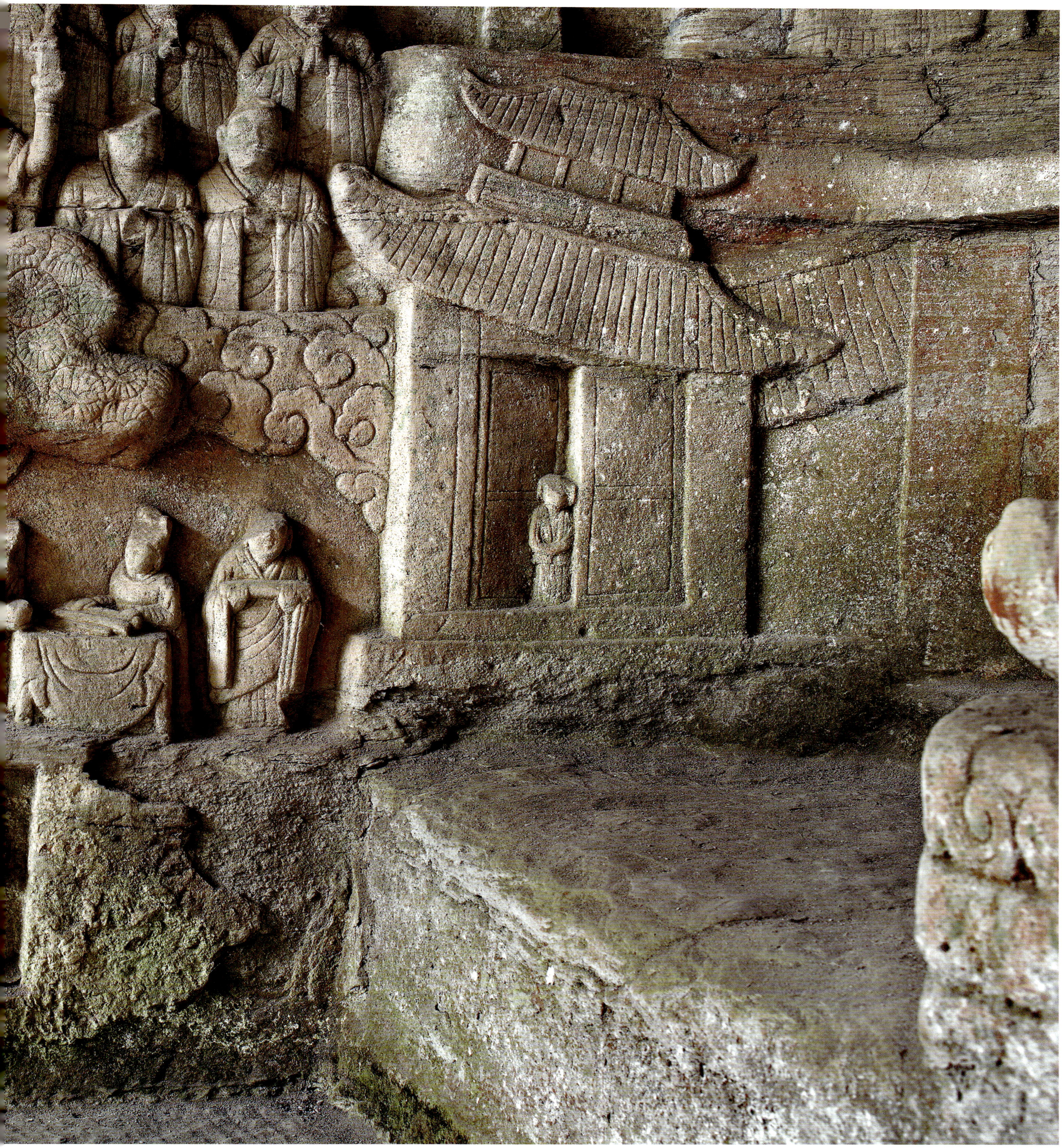

图版 376　第 176 号窟右侧壁下部第 1 组造像

图版 377　第 176 号窟右侧壁下部第 2 组造像

图版 378　第 176 号窟右侧壁下部第 3 组造像

图版 379　第 176 号窟右侧壁下部第 4 组造像

图版 380　第 176 号窟窟顶

图版 381　第 177 号窟外立面

图版 382　第 177 号窟正壁

图版 383　第 177 号窟左侧壁

图版 384　第 177 号窟左侧壁内侧坐像

图版385　第177号窟左侧壁外侧立像

图版 386　第 177 号窟右侧壁

图版387　第177号窟右侧壁内侧坐像

图版 388　第 177 号窟右侧壁外侧立像

图版 389　第 177 号窟窟顶

图版 390　第 178 号龛外立面

图版 391　第 179 号龛外立面

图版 392　第 180 号窟外立面

图版393　第180号窟窟顶

图版 394　第 180 号窟正壁主尊菩萨像

图版 395　第 180 号窟主尊菩萨像头冠

图版396　第180号主尊左侧菩萨像（左第1、2像）

图版 397　第 180 号窟左侧壁（左第 3—6 像）

图版 398　第 180 号窟主尊左侧及左侧壁内起第 3 身菩萨半身像

图版 399　第 180 号窟主尊左侧及左侧壁内起第 4 身菩萨半身像

图版 400　第 180 号窟主尊左侧及左侧壁内起第 5 身菩萨半身像

图版 401　第 180 号窟主尊右侧菩萨像（右第 1、2 像）

图版 402　第 180 号窟右侧壁（右第 3—6 像）

图版 403　第 180 号窟主尊右侧及右侧壁内起第 3 身菩萨半身像

图版 404　第 180 号窟主尊右侧及右侧壁内起第 4 身菩萨半身像

图版 405　第 180 号窟主尊右侧及右侧壁内起第 5 身菩萨半身像

图版 406　第 180-1 号龛外立面

图版 407　第 180-2 号龛外立面

图版408 第181、184号龛外立面

图版 409　第 181 号龛右下胁侍像

图版 410　第 182 号龛外立面

图版411　第183号龛外立面

图版 412　第 185 号龛外立面

图版 413　第 186 号龛外立面

图版 414　第 187 号龛外立面

图版 415　第 187 号龛正壁

图版 416　第 187 号龛左侧壁胁侍菩萨像

图版 417　第 187 号龛右侧壁胁侍菩萨像

图版 418　第 187-1 号龛外立面

图版 419　第 188 号龛外立面

图版 420　第 188 号龛左侧壁立像

图版 421　第 188 号龛右侧壁立像

图版 422　第 189 号龛外立面

图版 423　第 190 号龛外立面

图版 424　第 190 号龛正壁

图版 425　第 190 号龛左侧壁

图版 426　第 190 号龛右侧壁

图版 427 第 190 号龛低坛神将像

Ⅰ 摄影图版　427

图版 428　第 190-1 号龛外立面

图版 429　第 191 号龛外立面

图版 430　第 191 号龛正壁

图版 431　第 191 号龛左壁

图版 432　第 191 号龛右壁

图版 433　第 191 号龛左沿外侧浅龛外立面

图版 434　第 191 号龛右沿外侧浅龛外立面

图版 435　第 192 号龛外立面

II 铭文图版

图版 1　第 102 号霍勤楷题书《教孝》碑

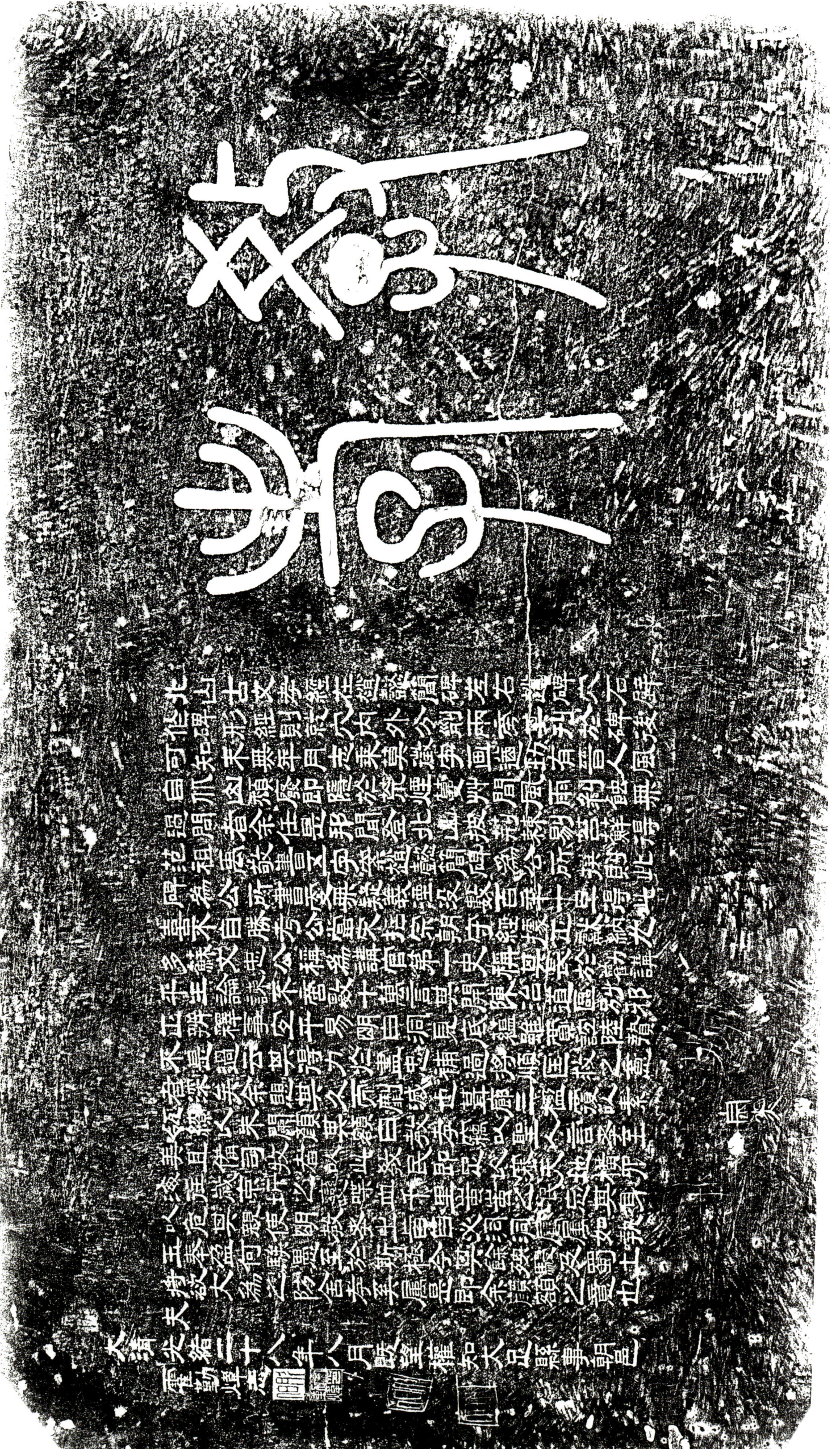

图版1 第102号崔勤炜题书《敦孝》碑

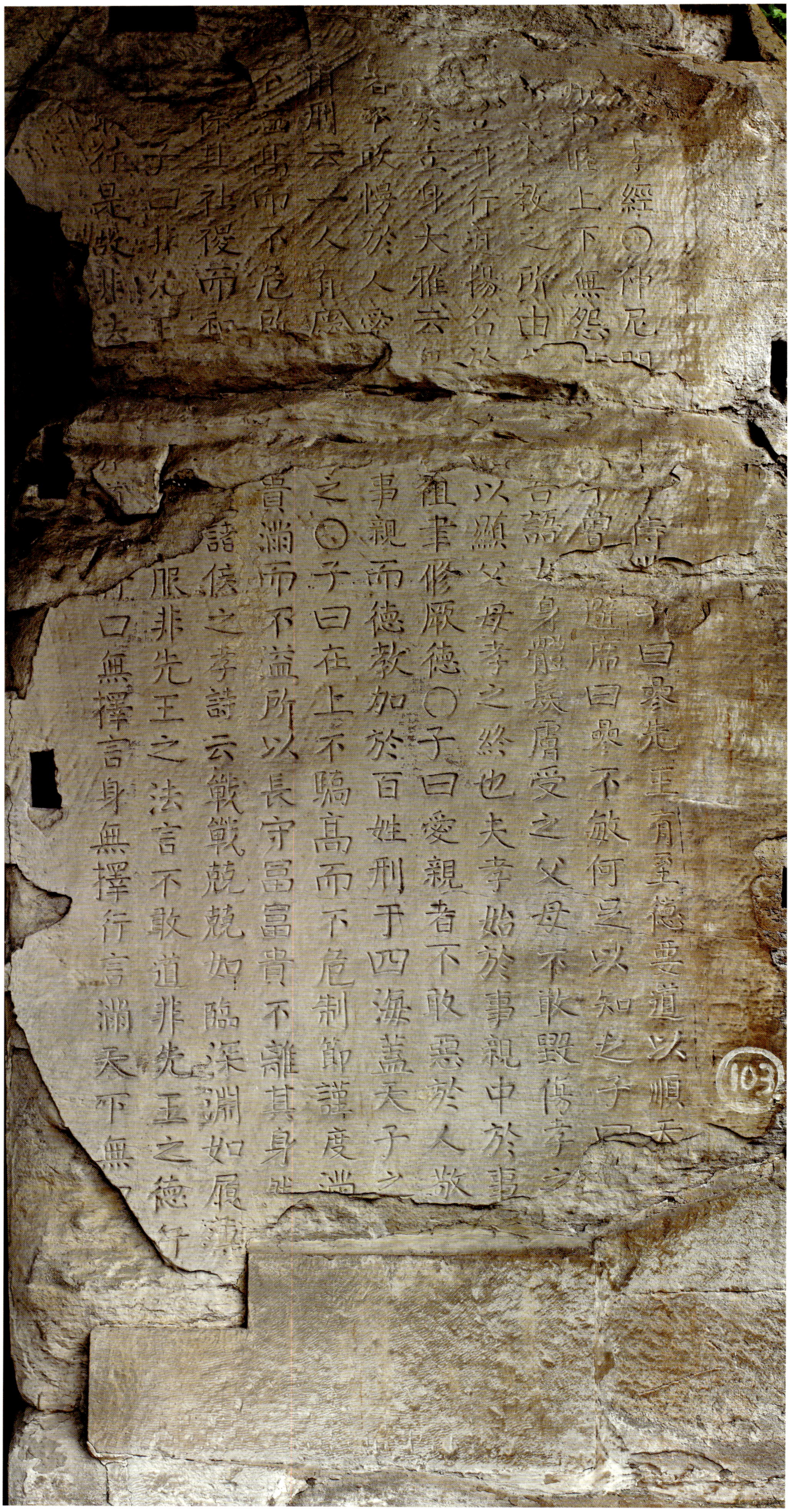

图版 2　第 103 号范祖禹书《古文孝经》碑第一面碑文

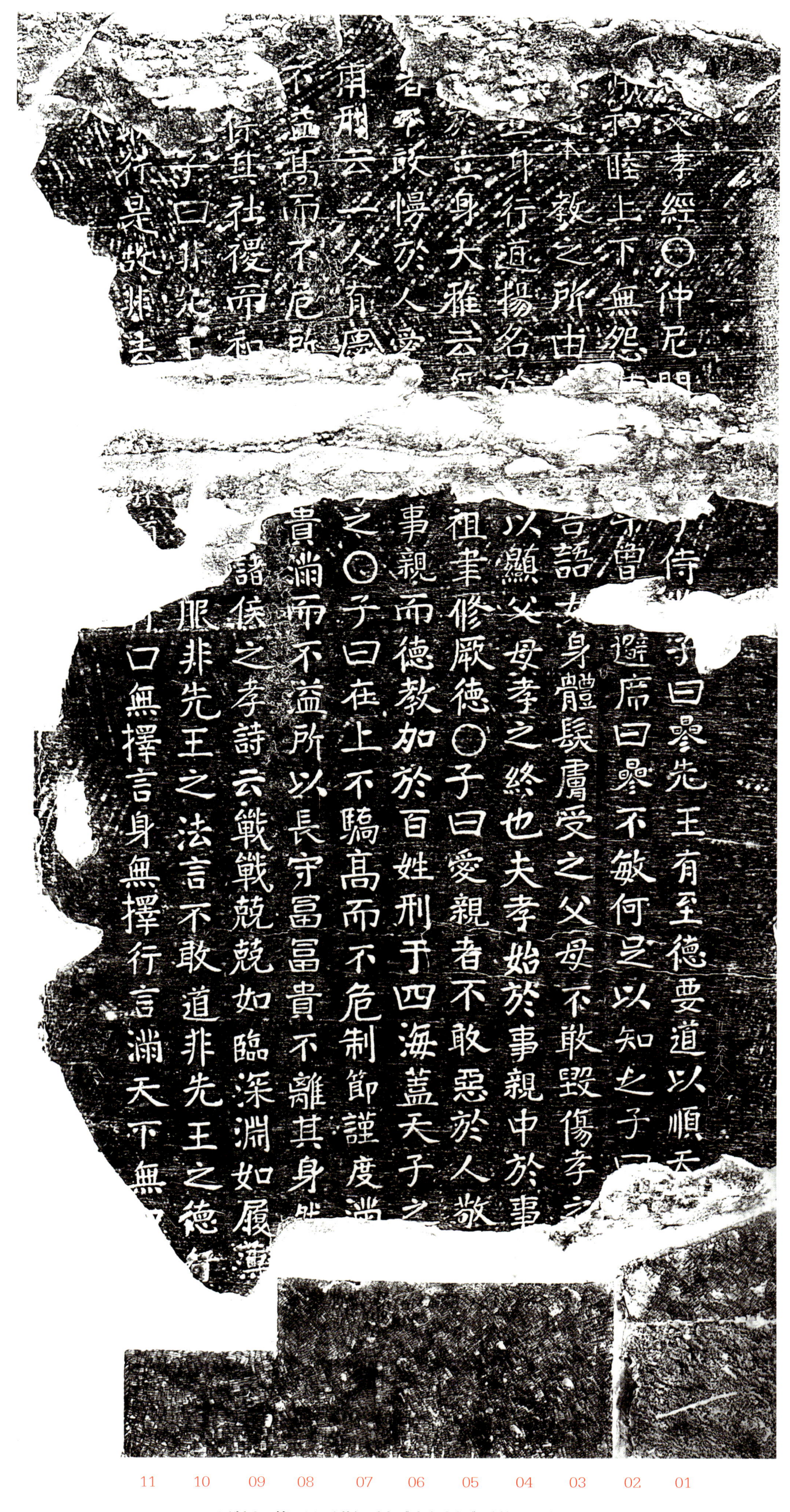

图版 2　第 103 号范祖禹书《古文孝经》碑第一面碑文

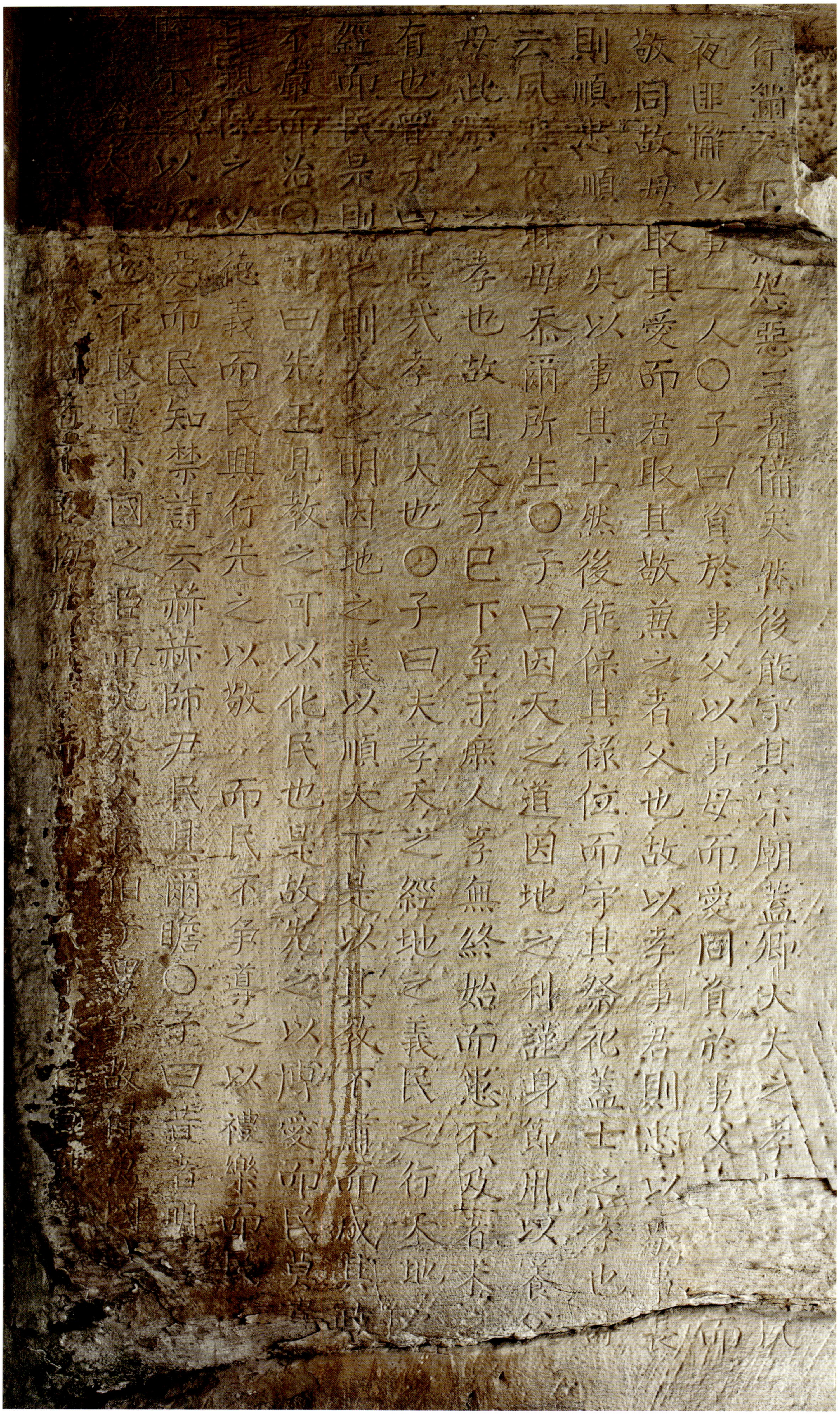

图版 3　第 103 号范祖禹书《古文孝经》碑第二面碑文

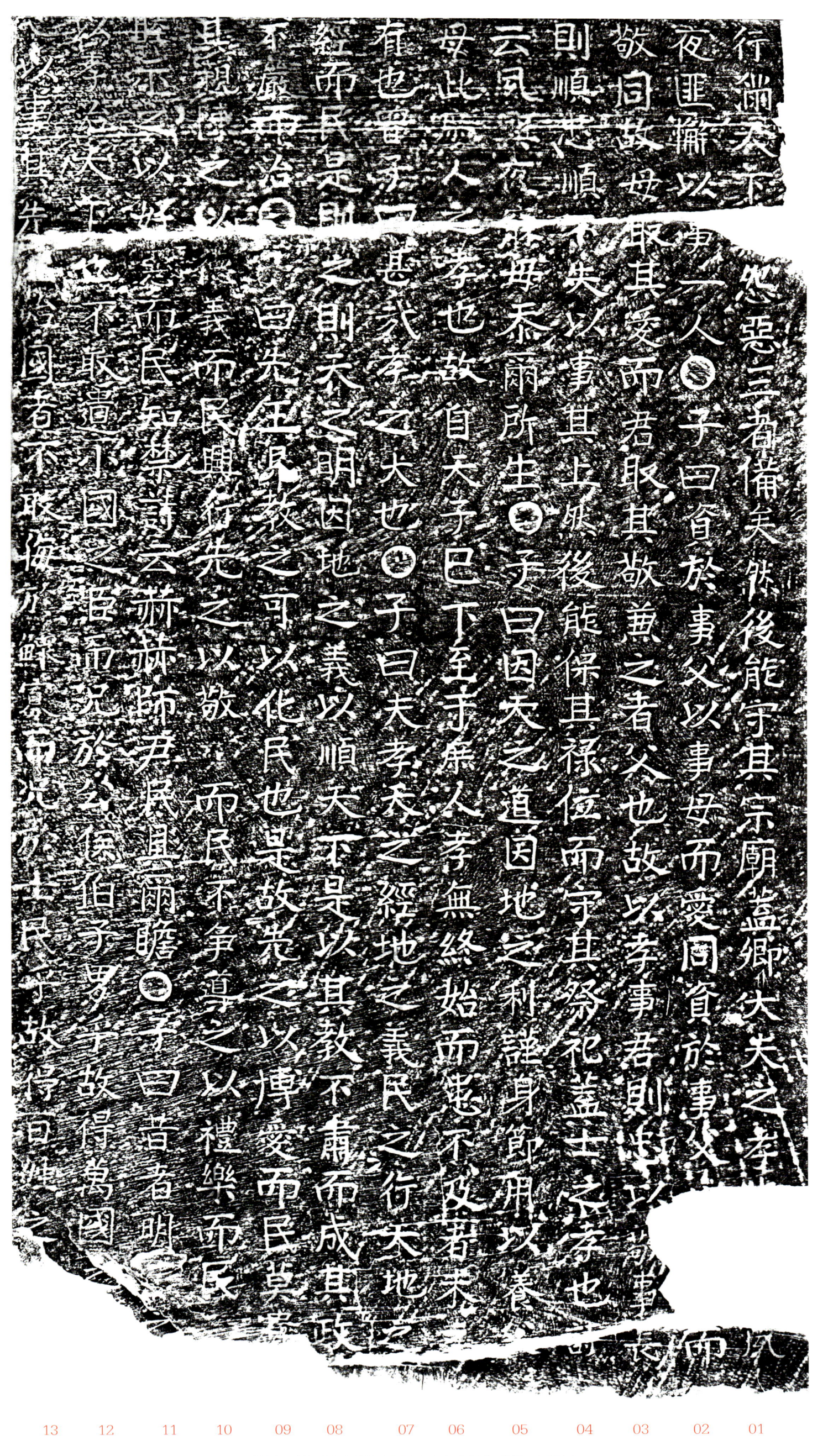

图版 3　第 103 号范祖禹书《古文孝经》碑第二面碑文

09　08　07　06　05　04　03　02　01

图版 4　第 103 号范祖禹书《古文孝经》碑第三面碑文

图版 4　第 103 号范祖禹书《古文孝经》碑第三面碑文

图版 5　第 103 号范祖禹书《古文孝经》碑第四面碑文

图版 5　第 103 号范祖禹书《古文孝经》碑第四面碑文

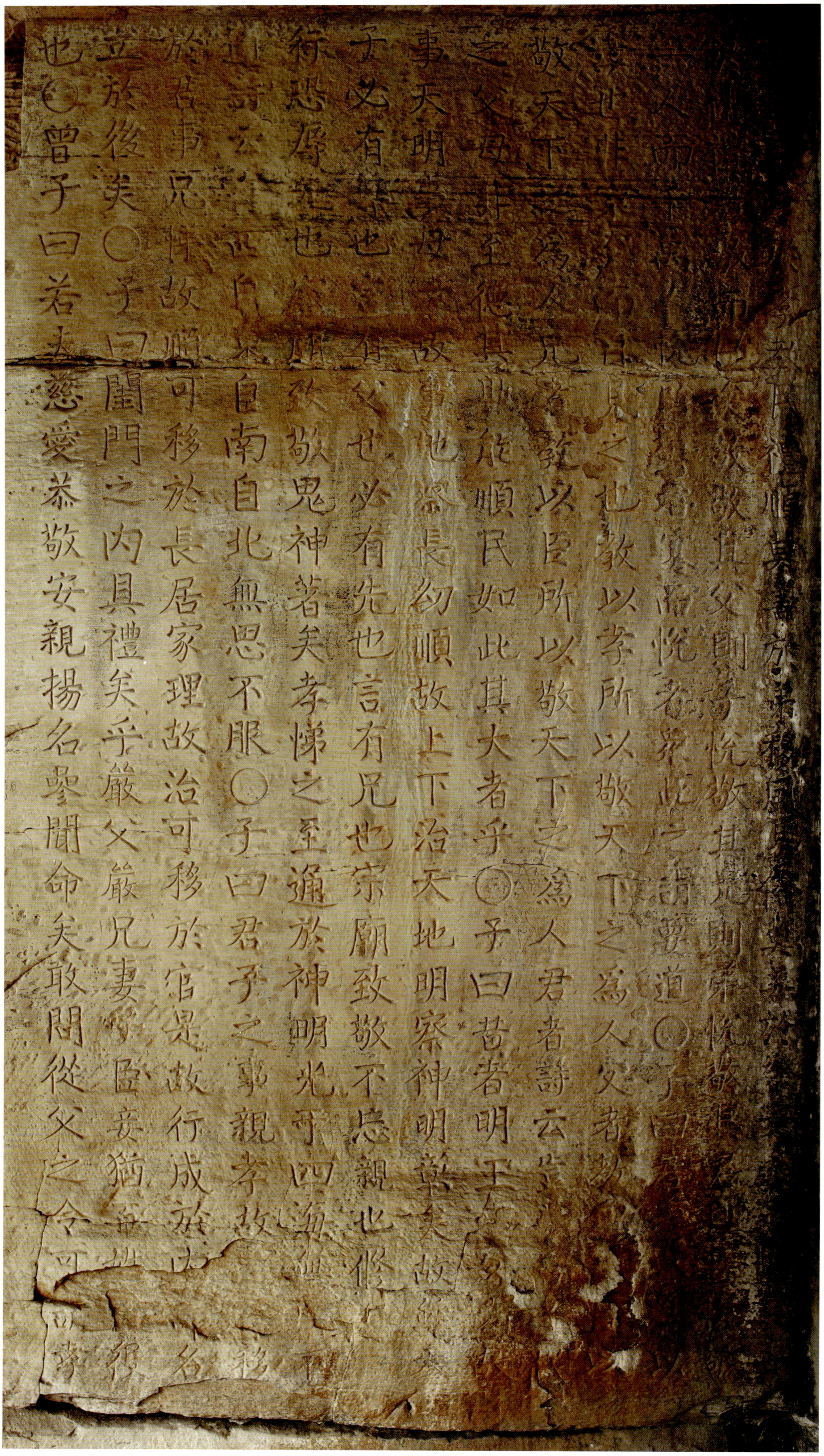

图版6　第103号范祖禹书《古文孝经》碑第五面碑文

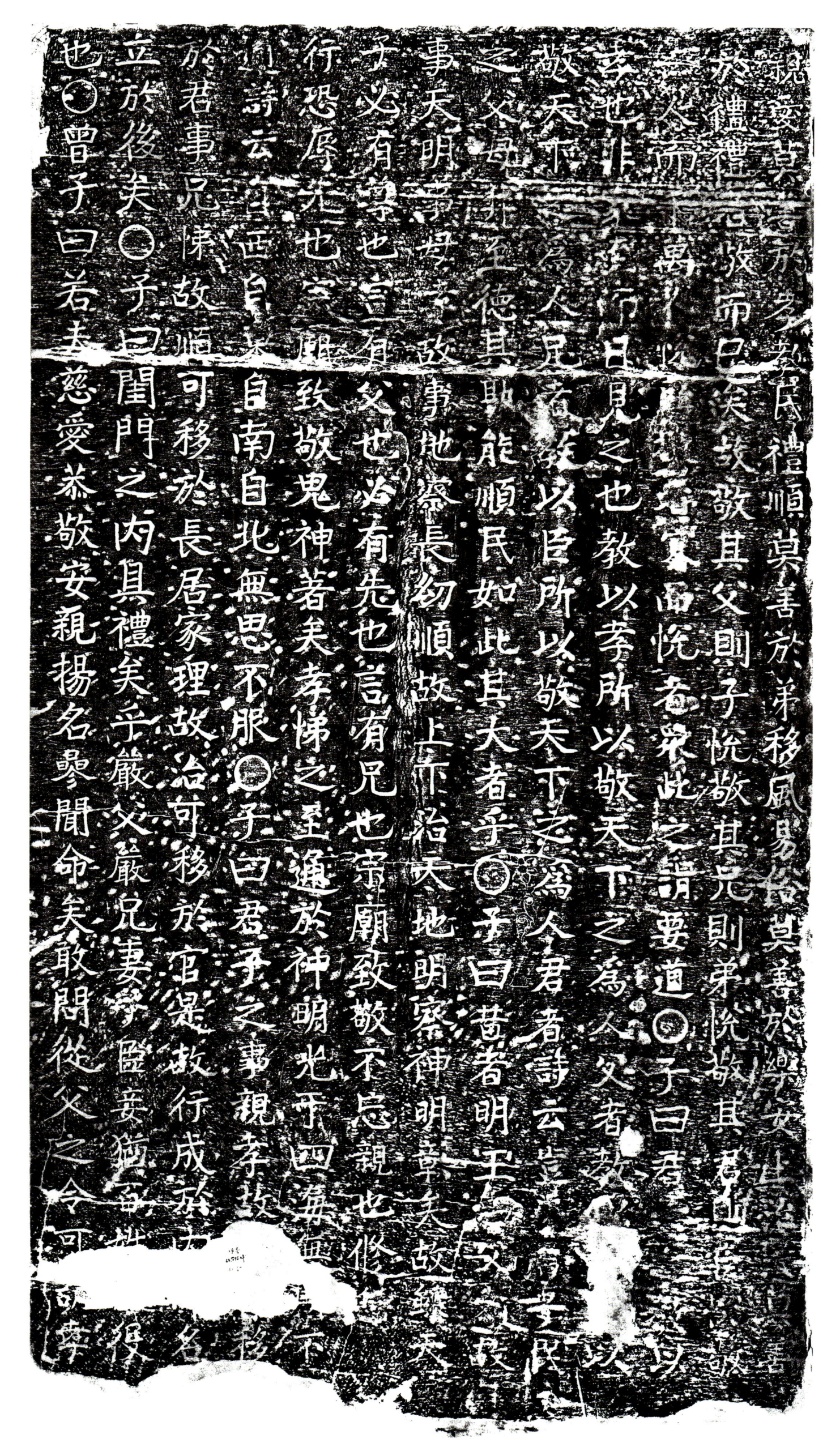

民禮順莫善於弟移風易俗莫善於樂安上治
敬而已矣故敬其父則子悅敬其兄則弟悅敬
其君則臣悅敬一人而千萬人悅所敬者寡而悅者眾此之謂要道○子曰君
子之教以孝所以敬天下之為人父者教以
弟所以敬天下之為人兄者教以臣所以敬天下之為人君者詩云愷
悌君子民之父母非至德其孰能順民如此其大者乎○子曰昔者明王
事父孝故事天明事母孝故事地察長幼順故上下治天地明察神明
彰矣故雖天子必有尊也言有父也必有先也言有兄也宗廟致敬不忘親也脩
身慎行恐辱先也宗廟致敬鬼神著矣孝弟之至通於神明光于四海無所
不通詩云自西自東自南自北無思不服○子曰君子之事親孝故忠可移於君事
兄悌故順可移於長居家理故治可移於官是故行成於
內而立於後世矣○曾子曰若夫慈愛恭敬安親揚名參聞命矣敢問從父之令可謂孝

图版 7　第 103 号范祖禹书《古文孝经》碑第六面碑文

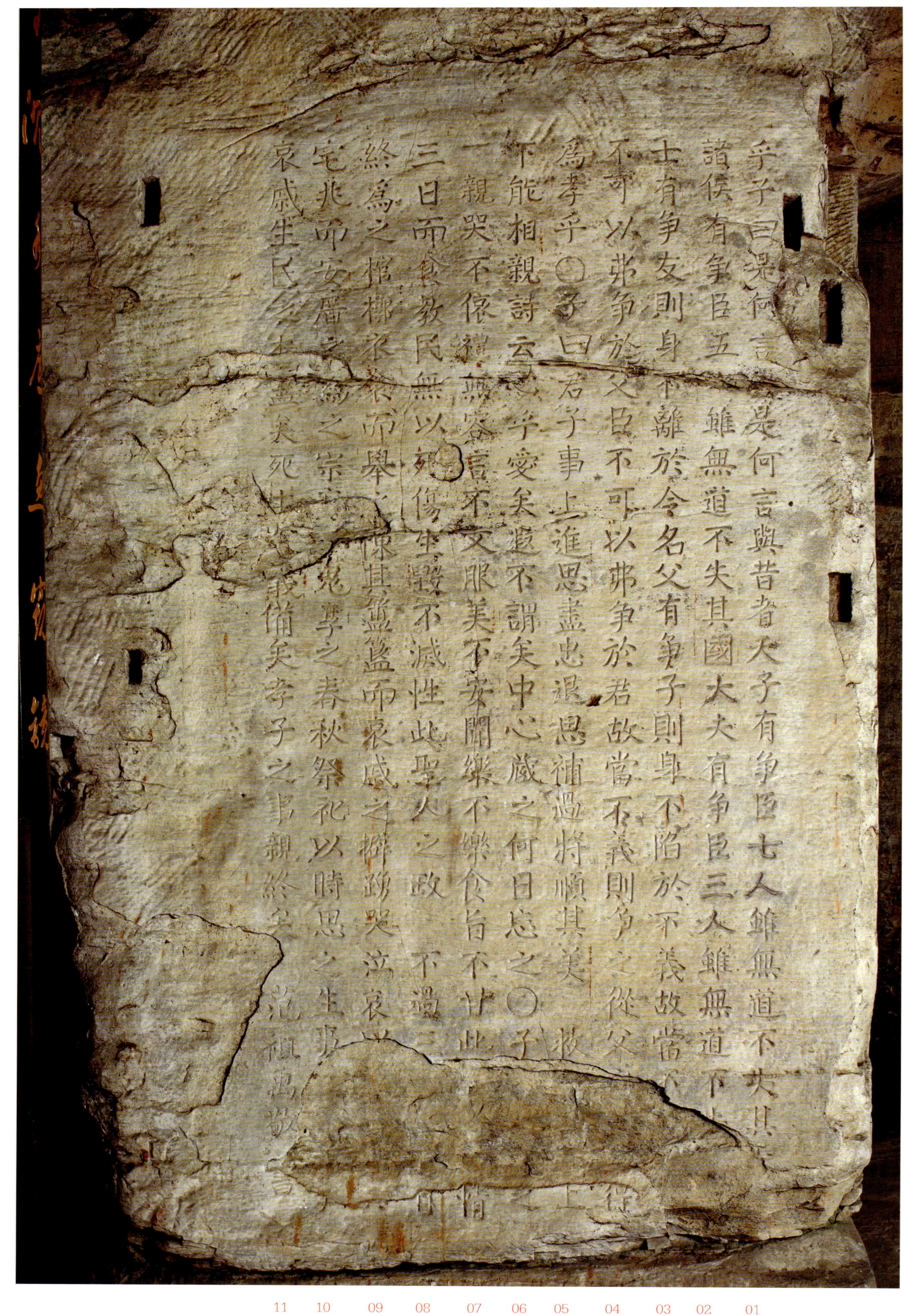

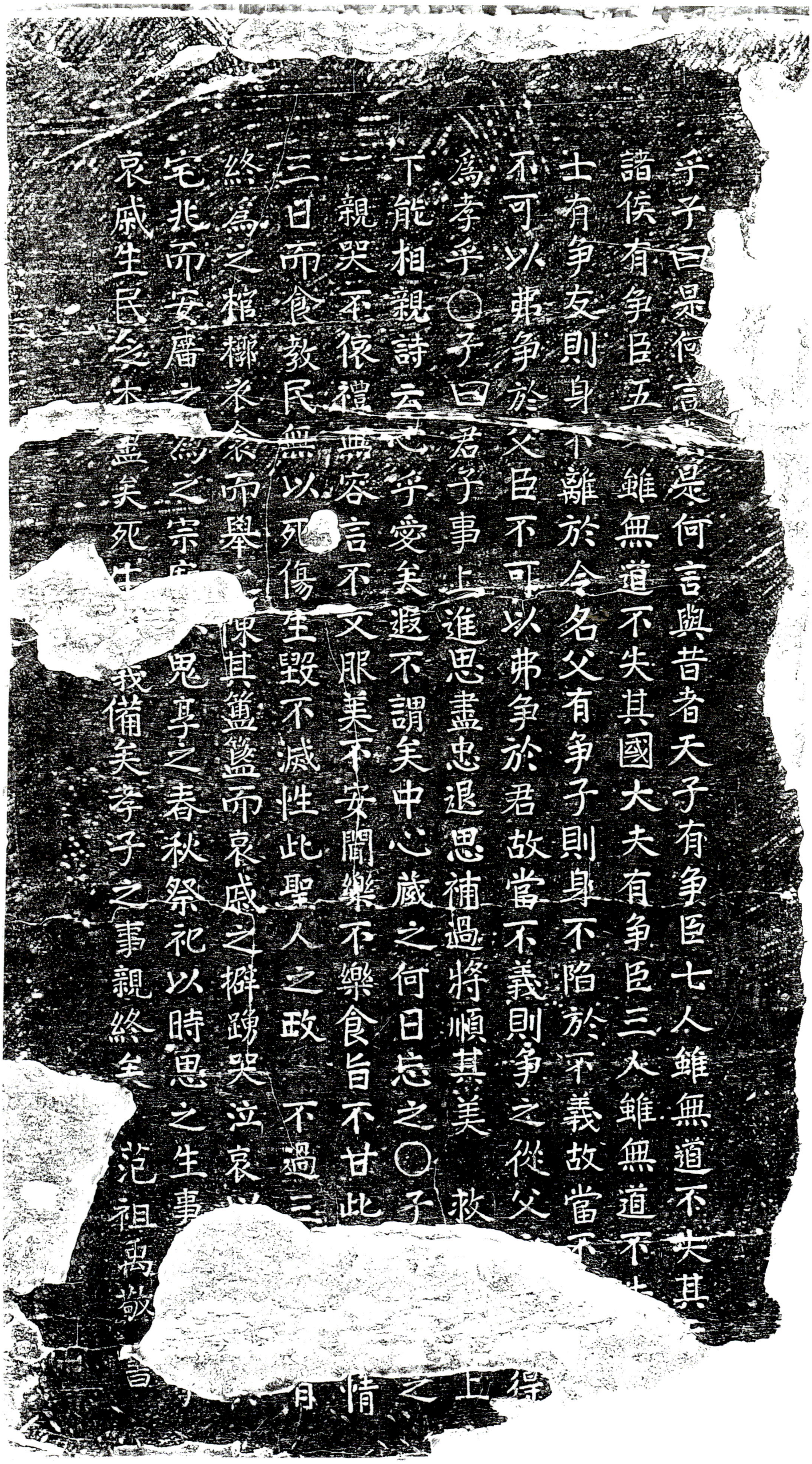

乎子曰是何言與昔者天子有爭臣七人雖無道不失其
諸侯有爭臣五人雖無道不失其國大夫有爭臣三人雖無道不失
士有爭友則身不離於令名父有爭子則身不陷於不義故當
不可以弗爭於父臣不可以弗爭於君故當不義則爭之從父
為孝乎○子曰君子事上進思盡忠退思補過將順其美救
下能相親詩云心乎愛矣遐不謂矣中心藏之何日忘之○子
一親哭不依禮無容言不文服美不安聞樂不樂食旨不甘此
三日而食教民無以死傷生毀不滅性此聖人之政不過三
終為之棺槨衣衾而舉之陳其簠簋而哀感之擗踴哭泣哀
哀戚而安厝之卜其宅兆而安厝之為之宗廟以鬼享之春秋祭祀以時思之生事
宅兆而安厝之後民至今未盡矣死生我備矣孝子之事親終矣

范祖禹敬書

图版 8　第 104 号范祖禹撰赵懿简公神道碑及分组示意图

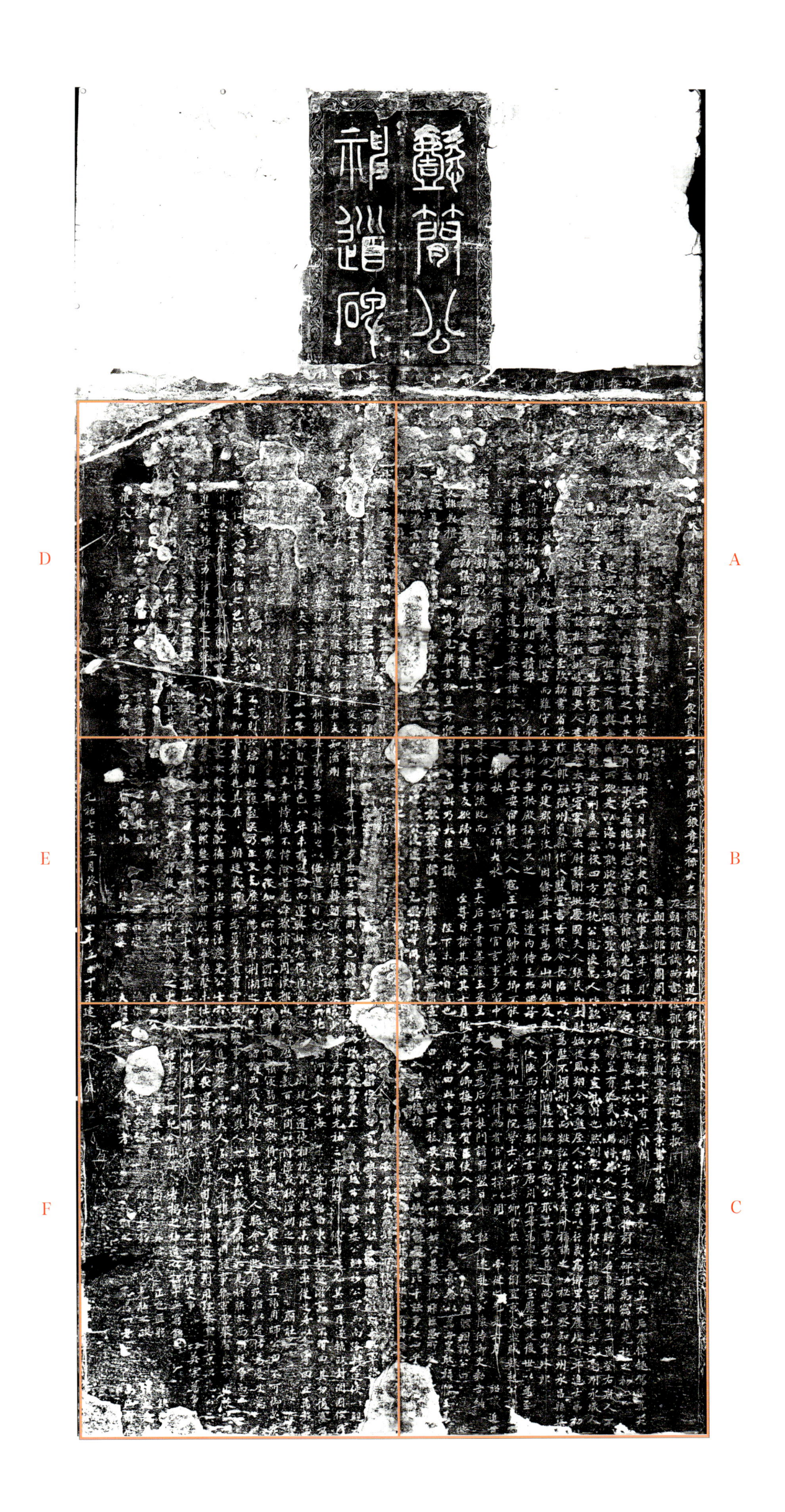

图版 8　第 104 号范祖禹撰赵瞻简公神道碑及分组示意图（傅斯年图书馆藏拓本）

图版 8-1　范祖禹撰赵瞻简公神道碑 A 组碑文

图版 8-1　范祖禹撰赵瞻简公神道碑 A 组碑文

图版 8-2　范祖禹撰赵瞻简公神道碑 B 组碑文

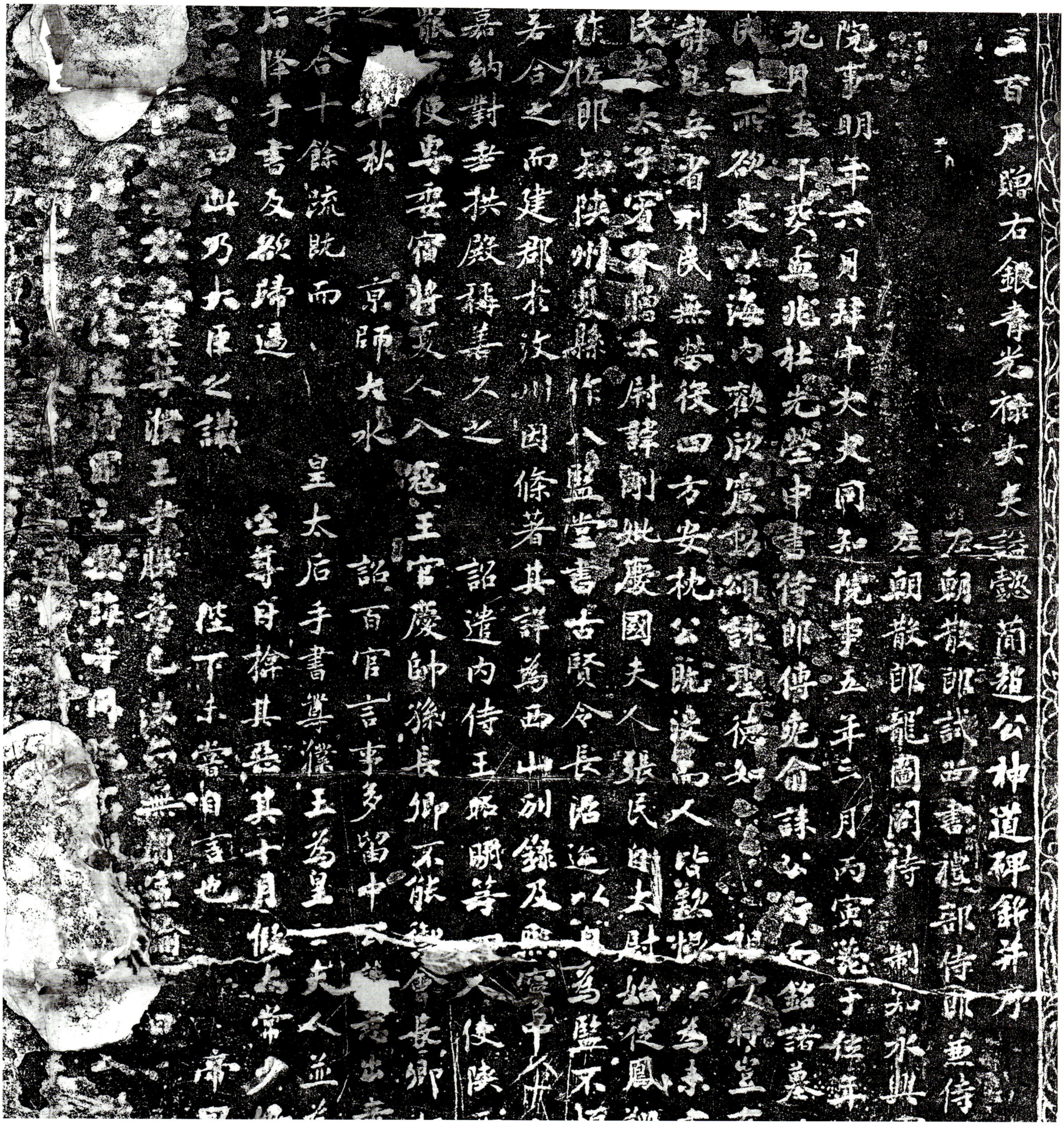

图版 8-2　范祖禹撰赵瞻简公神道碑 B 组碑文

图版 8-3　范祖禹撰赵瞻简公神道碑 C 组碑文

图版 8-3　范祖禹撰赵瞻简公神道碑 C 组碑文

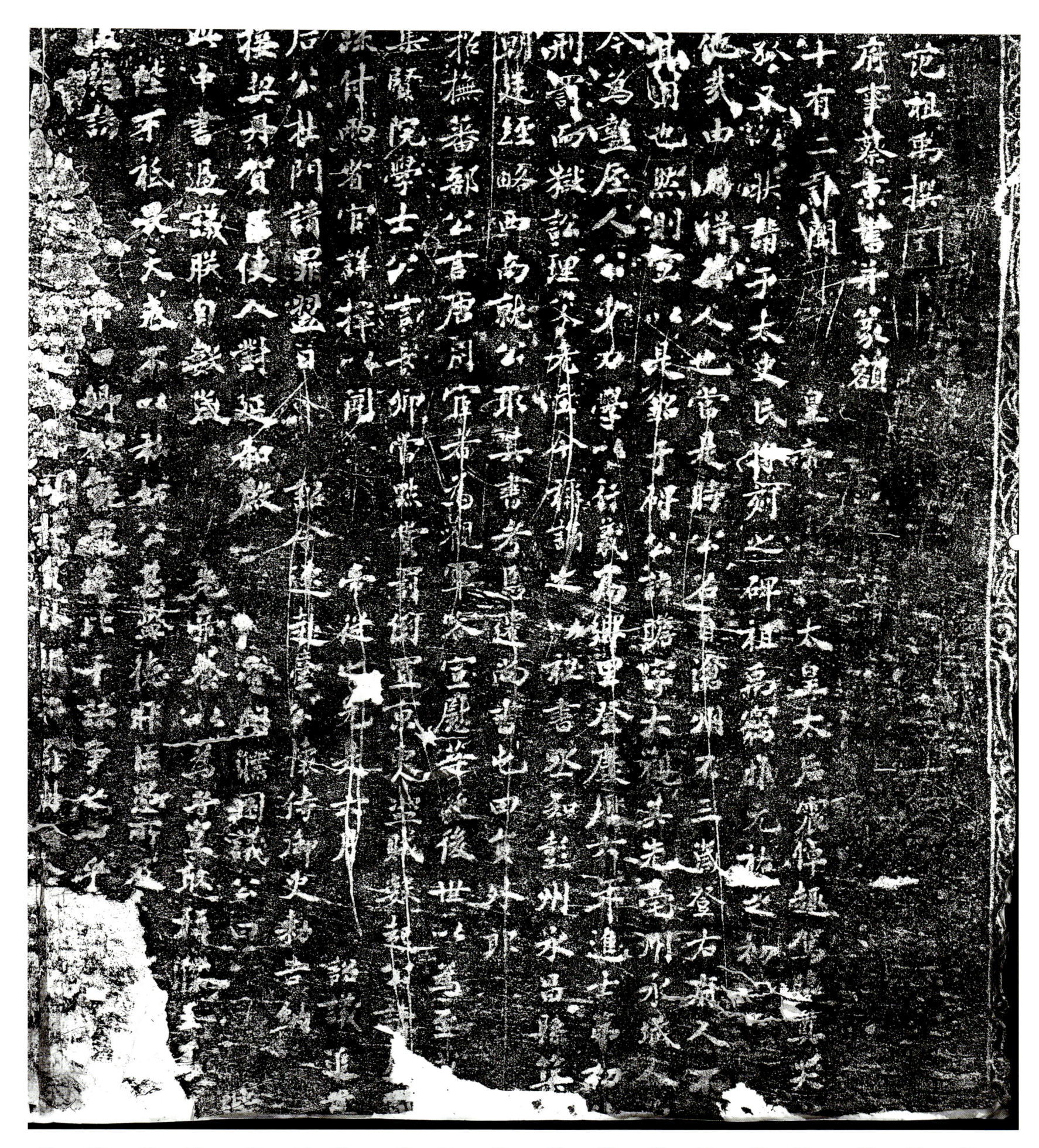

38　37　36　35　34　33　32　31　30　29　28　27　26　25　24　23　22　21　20

图版 8-4　范祖禹撰赵瞻简公神道碑 D 组碑文

图版 8-4　范祖禹撰赵瞻简公神道碑 D 组碑文

38 37 36 35 34 33 32 31 30 29 28 27 26 25 24 23 22 21 20

图版 8-5　范祖禹撰赵瞻简公神道碑 E 组碑文

图版 8-5　范祖禹撰赵瞻简公神道碑 E 组碑文

图版 8-6　范祖禹撰赵瞻简公神道碑 F 组碑文

图版 8-6 范祖禹撰赵瞻简公神道碑 F 组碑文

图版 9　第110号龛正壁左上方张辉造药师佛龛镌记

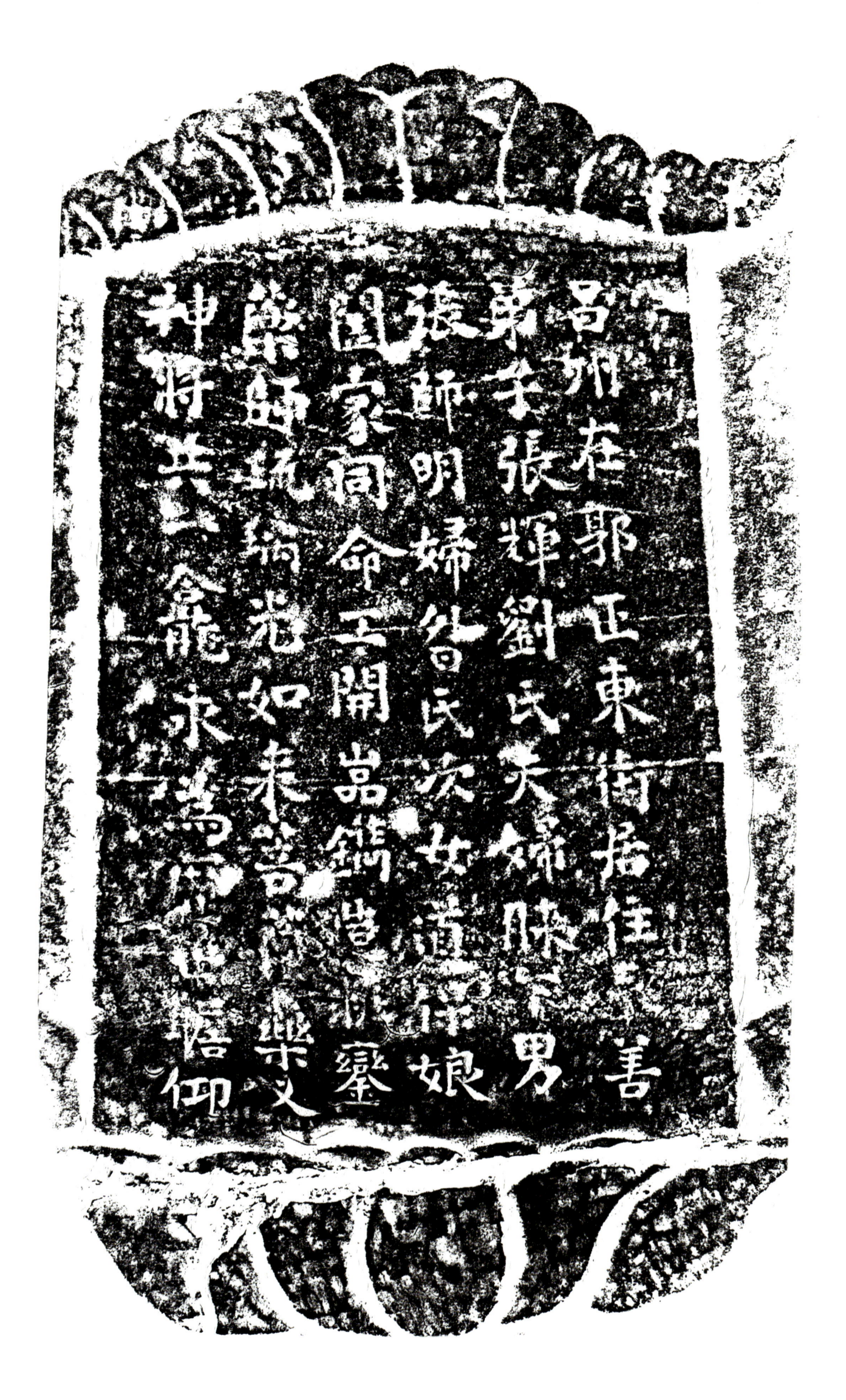

昌州在郭正東街居住弟子張輝劉氏夫婦膝下

張師明婦告氏次女道保男善

闔家同命王開嵓鐫造

榮姊玩瑜光如來善□樂

神將共玉龕龍求為師

圖版9　第110號龕正壁左上方張輝造藥師佛龕鐫記

图版10 第110号龛正壁右上方张辉造药师佛龛镌记

图版10　第110号龛正壁右上方张辉造药师佛龛镌记

图版11 第115号杨淮清等彩化佛像碑记

毀化佛像	帝主宮	三清殿	西佛宮	七賢祠	道佛宮	金仙殿	觀音堂
永	楊淮清	沈顏方	陳	人有焉	姜金浣	胡云	首張承程	青伯林	梁何錫鄉	張忠海	雷永發	國拾
					徐洪思	父子	蘇洽	劉鑒	刘	鍾海林	

江虔海
淮壽昌
才融
鄭錫鄉

錢塘
永興
太和

城
此
陳 娘

日吉

图版12　第122号龛沿杨子孝书楹联

图版 12　第 122 号龛沿杨子孝书楹联

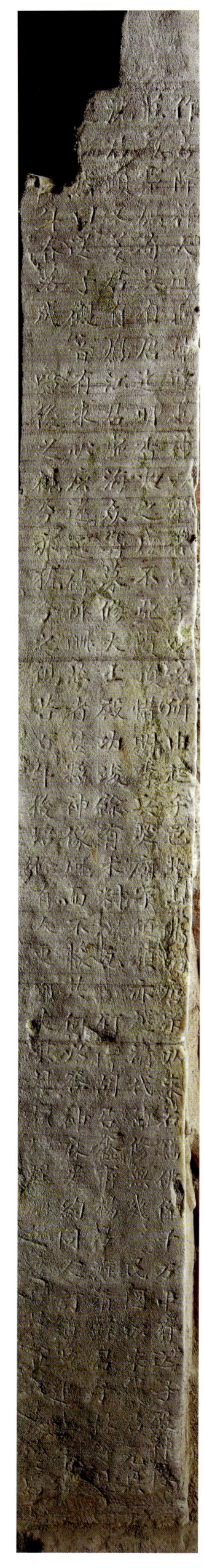

图版 13　第 123 号龛胡鑫甫等募建送子殿宇镌记

图版 14　第 130 号龛右沿外侧佚名造像残记（2013 年拓）

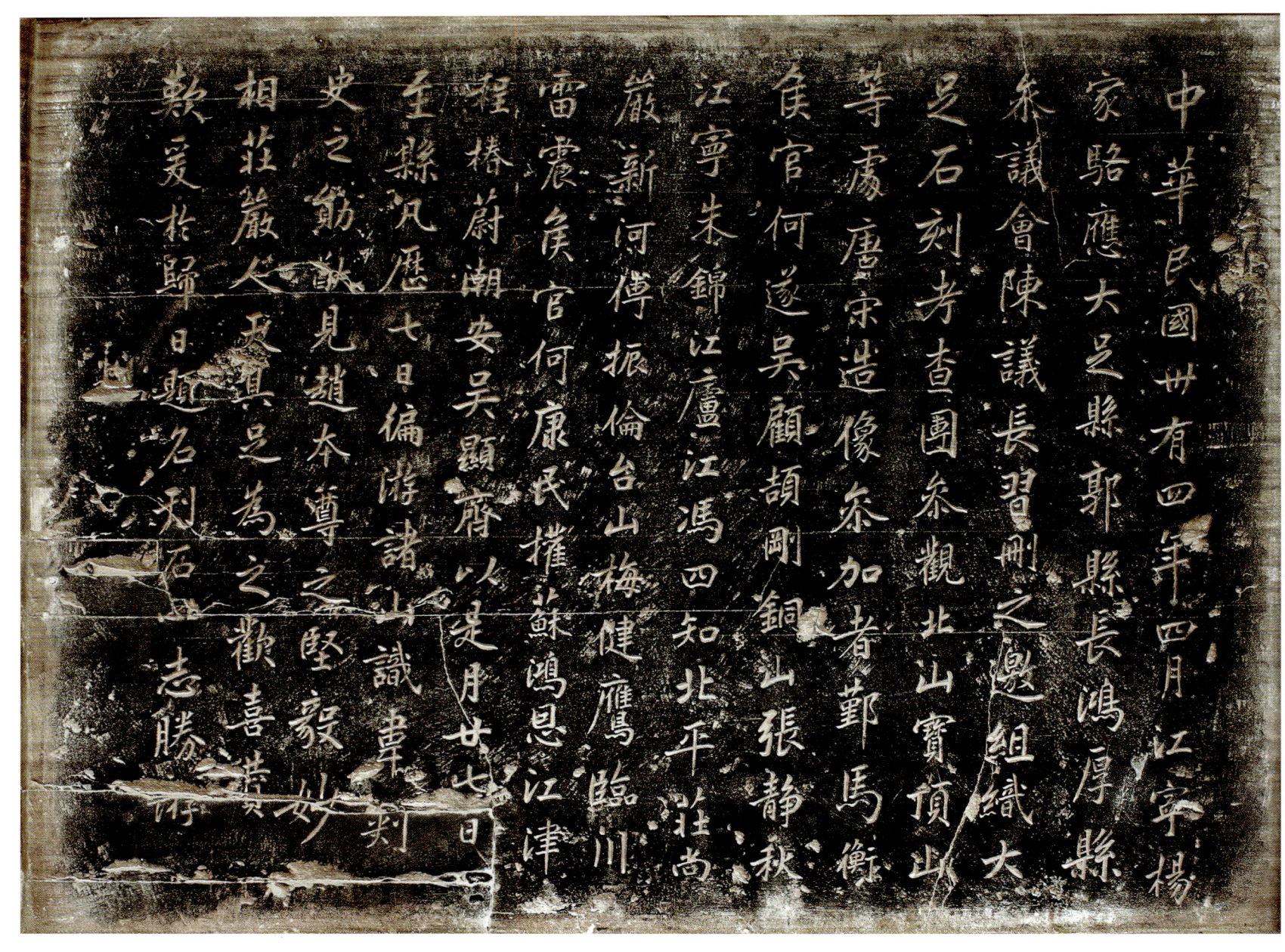

中華民國卅有四年四月江寧楊
家駱應大足縣縣長鴻厚縣
參議會陳議長習刪之邀組織大
足石刻考查團參觀北山寶頂山
等處唐宋造像參加者鄞馬衡
侯官何遂吳顧頡剛銅山張靜秋
江寧朱錦江廬江馮四知北平莊尚
嚴新河傅振倫台山梅健鷹臨川
雷震侯官何康民權蘇鴻恩江津
程椿蔚潮安吳顯齊以是月廿七日
至縣凡歷七日偏遊諸山識韋刻
史之勤歎見趙本尊之妙
相莊嚴人天真之為之歡喜讚
歎爰於歸日題名刊石以志勝游

图版15　第134号民国大足石刻考察团记事碑

中華民國卅有四年四月江寧楊
家駱應大足縣長鴻厚縣
禾議會陳議長習刪之邀組織大
足石刻考查團參觀北山寶頂山
等處唐宋造像参加者鄞馬衡
隻官何遂吳顧頡剛銅山張靜秋
江寧朱錦江廬江馮四知北平莊尚
嚴新河傅振倫台山梅健鷹臨川
雷震隻官何康民權蘇鴻恩江津
程椿蔚潮安吳顯齊以是月廿七日
至縣凡歷七日偏游諸山識韋判
史之勤歎見趙本尊之堅毅妙
相莊嚴人天其足為之歡喜贊
歎爰於歸日題名刊石且志勝游

图版15　第134号民国大足石刻考察团记事碑

图版 26　第136号窟正壁中龛左上方陈吉銮彩释迦佛像镌记

图版16　第136号窟正壁中龛左上方陈吉銮彩释迦佛像镌记

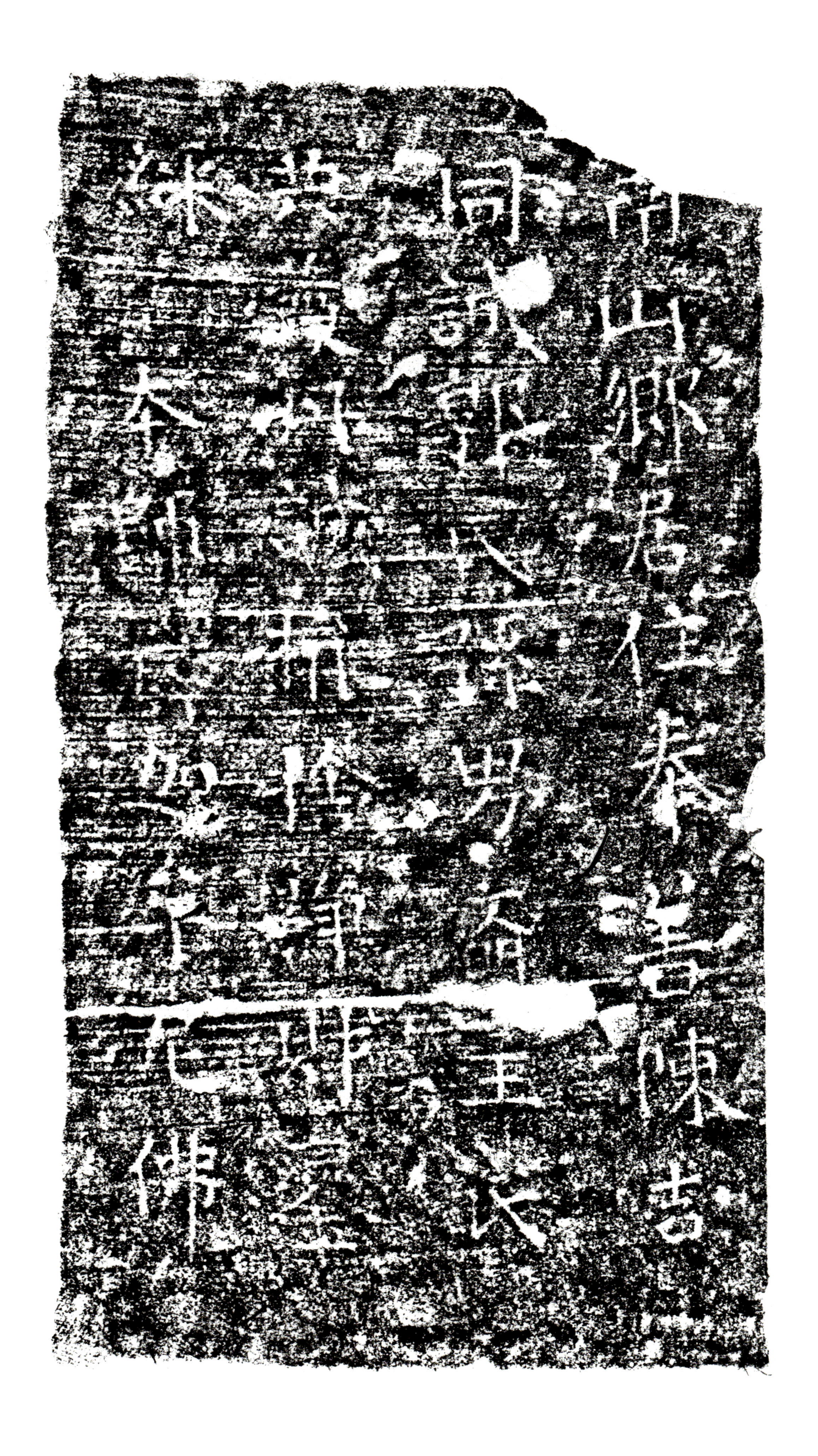

图版17　第136号窟正壁中龛右上方佚名残镌记

图版 17　第 136 号窟正壁中龛右上方佚名残镌记

图版 18　第 136 号窟正壁左菩萨头顶张莘民造观音像镌记

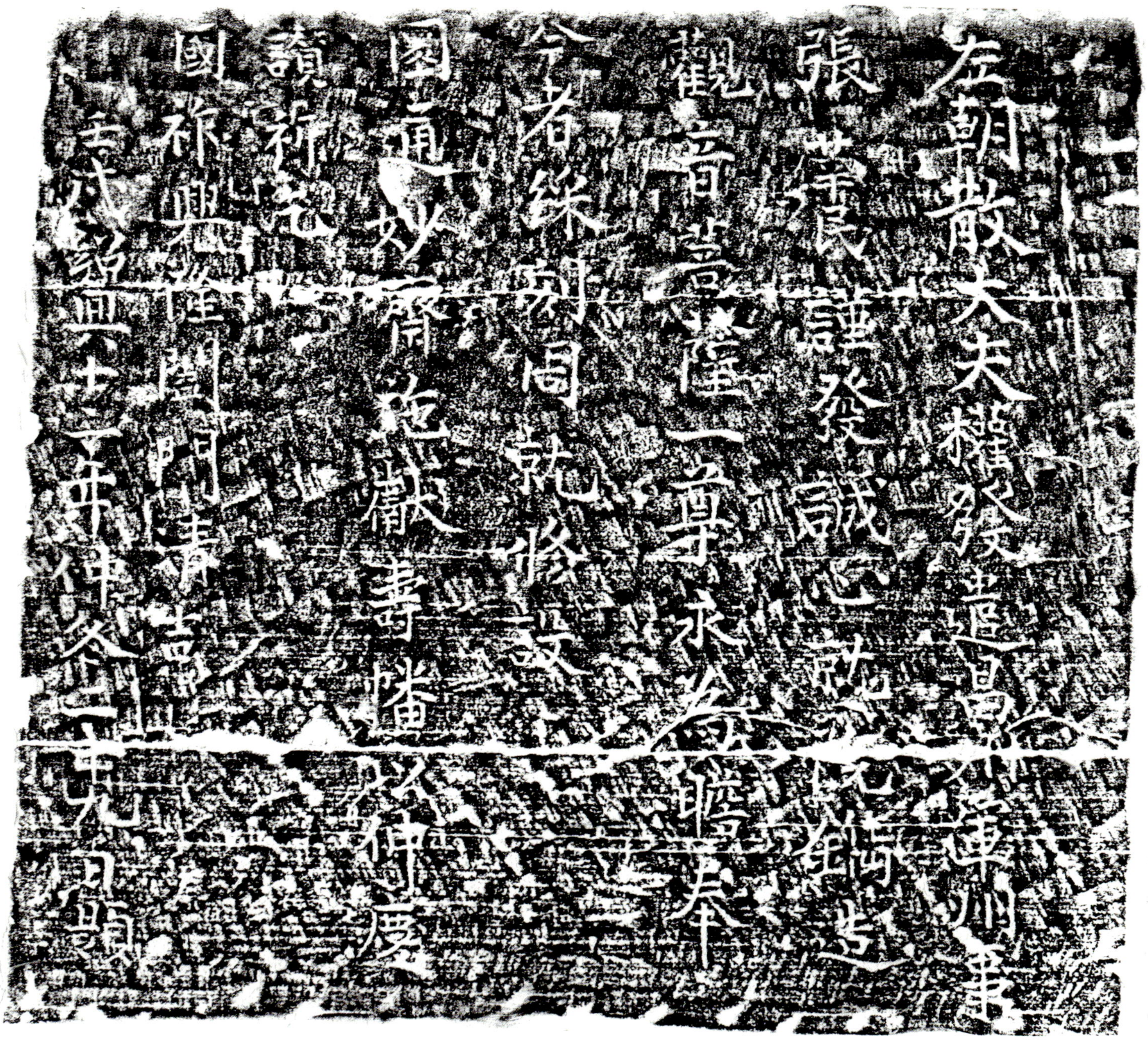

图版18　第136号窟正壁左菩萨头顶张莘民造观音像镌记

图版 19　第 136 号窟正壁右菩萨头顶陈文明造大势至菩萨等像镌记及匠师题名

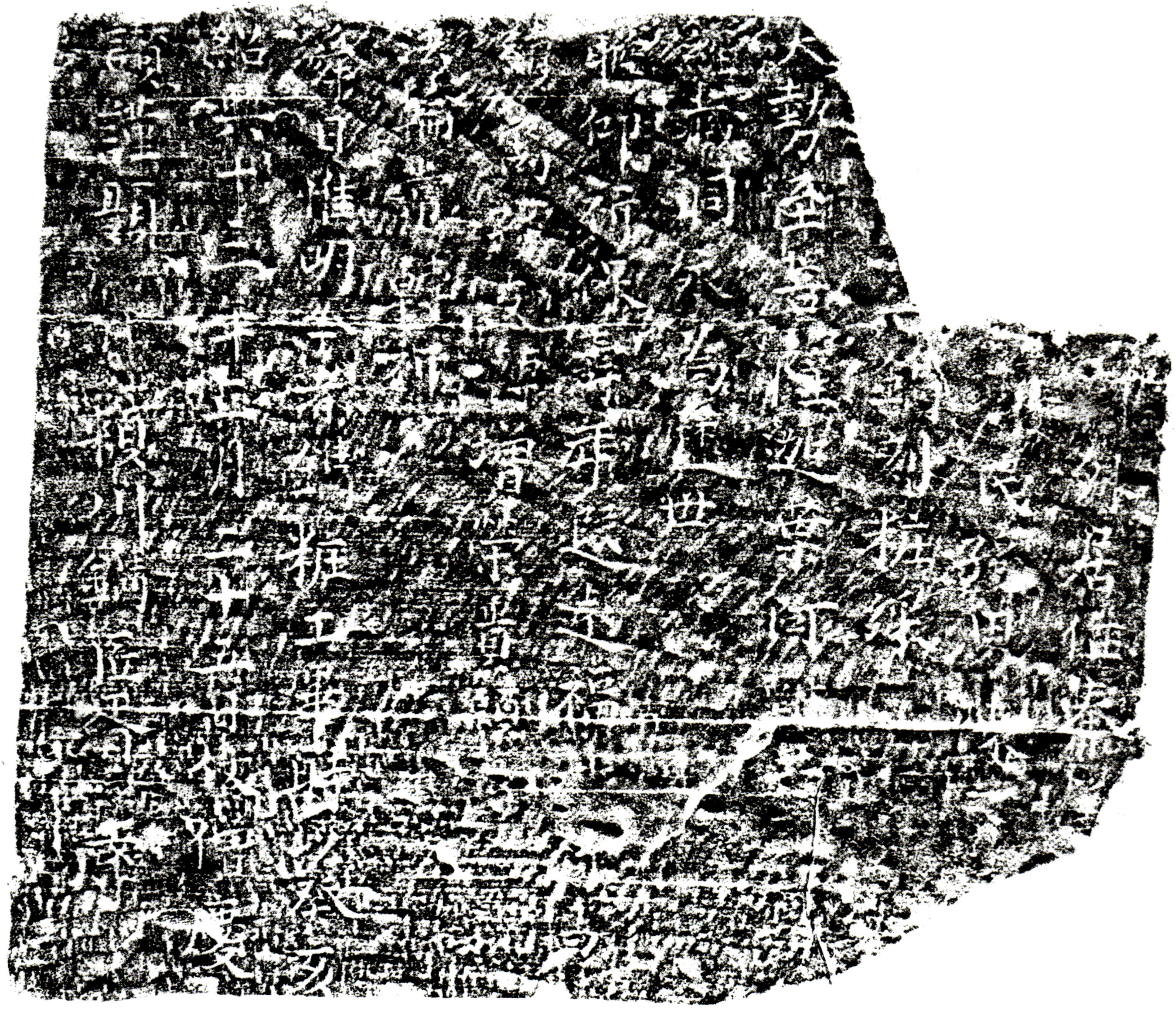

图版 19　第 136 号窟正壁右菩萨头顶陈文明造大势至菩萨等像镌记及匠师题名

图版20　第136号窟左侧壁内龛赵彭年造文殊普贤像镌记

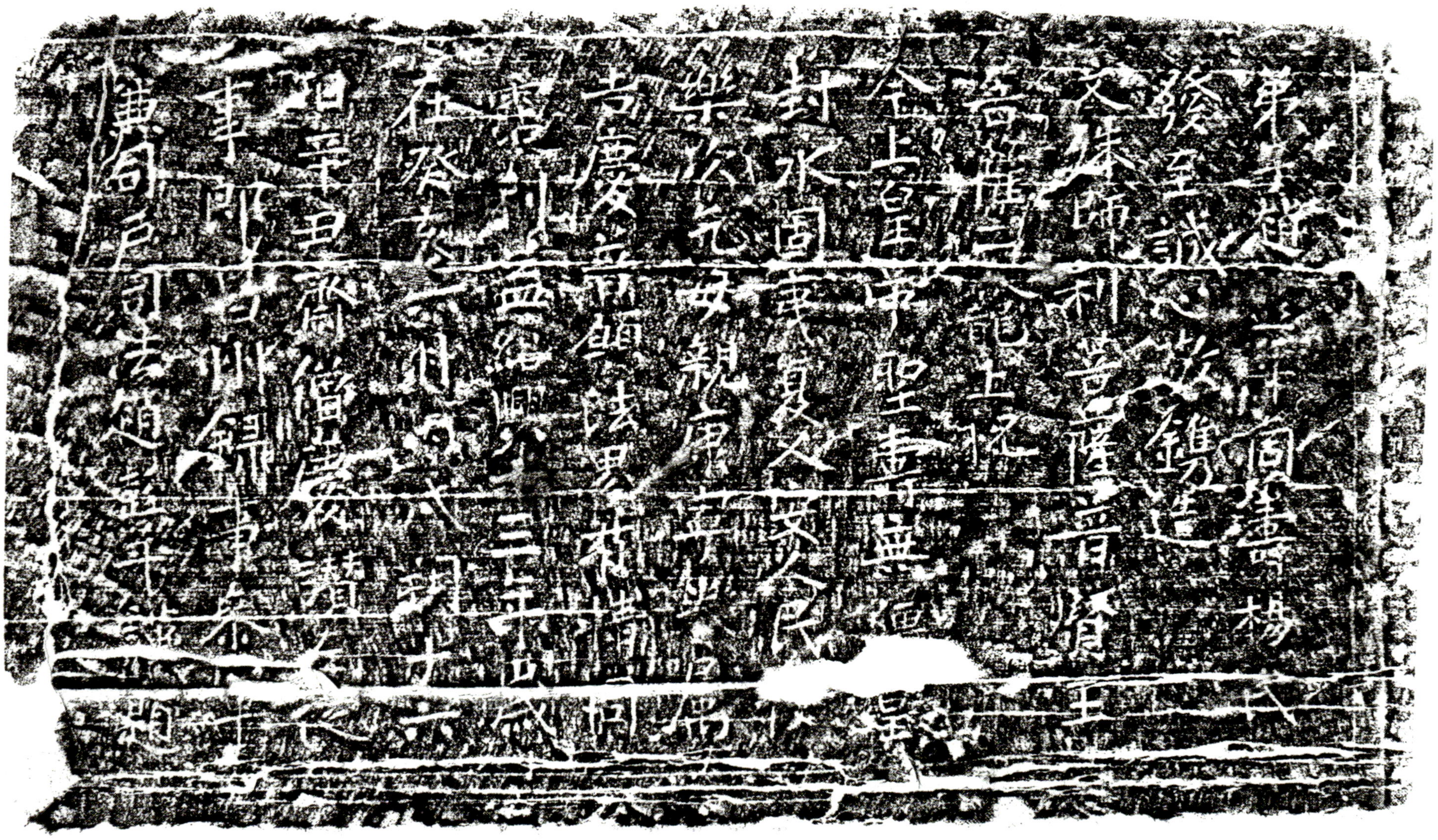

图版20　第136号窟左侧壁内龛赵彭年造文殊普贤像镌记

图版 21　第 136 号窟右侧壁外龛王陛造数珠手观音像镌记

图版21　第136号窟右侧壁外龛王陛造数珠手观音像镌记

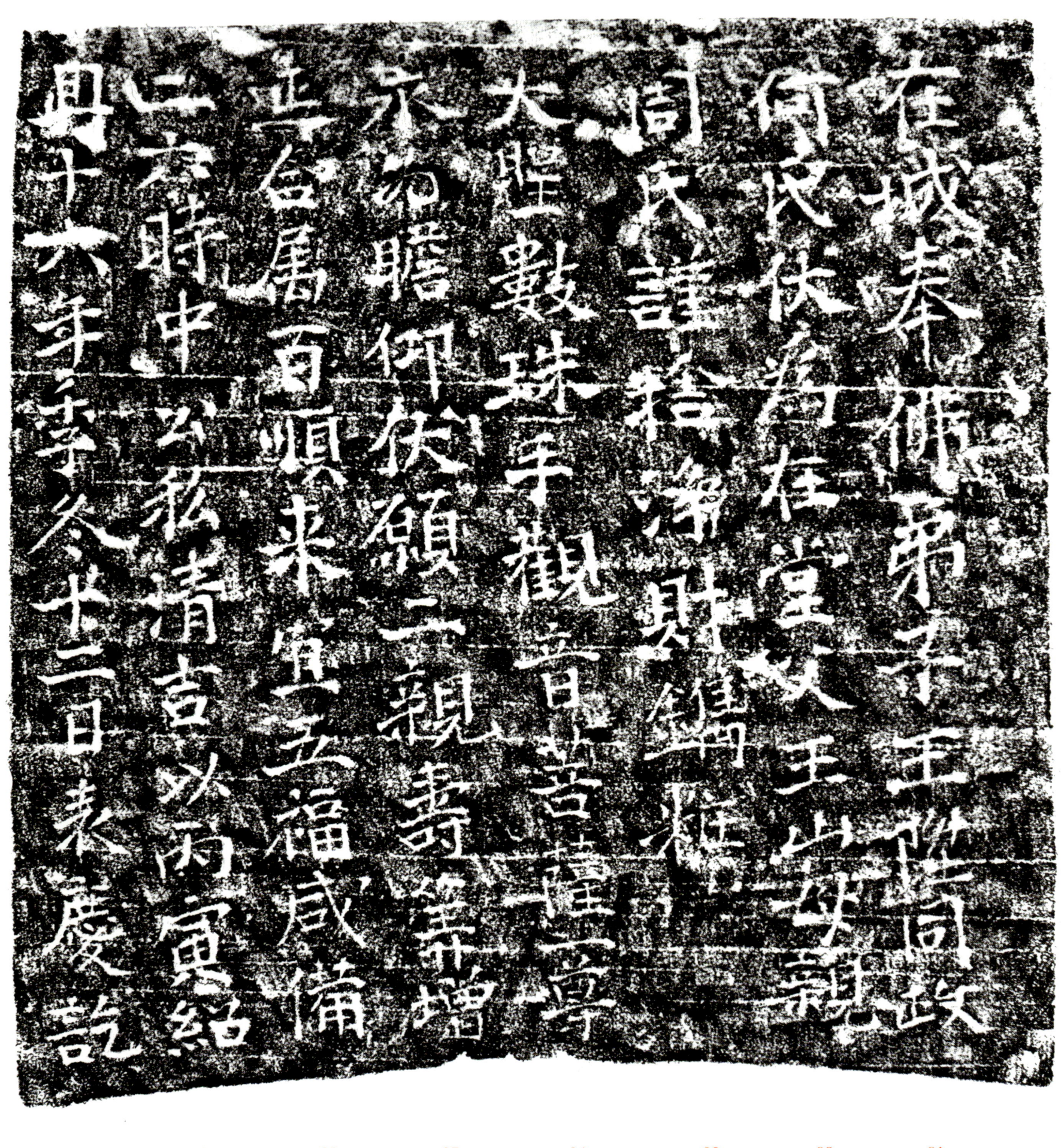

上部

中部

下部

图版 22　第 137 号维摩诘经变相分组示意图

上部

中部

下部

图版 22　第 137 号维摩诘经变相分组示意图

图版 22-1 维摩诘经变相图上部

图版 22-1 维摩诘经变相图上部

图版 22-2 维摩诘经变相图中部

图版 22-2 维摩诘经变相图中部

图版 22-3 维摩诘经变相图下部

图版 22-3 维摩诘经变相图下部

图版 23　第 137 号壁面左上方李大郎等摹刻维摩图记

图版 23　第 137 号壁面左上方李大郎等摹刻维摩图记

图版 24　第 137 号壁面左上方文志造像记

图版 24　第 137 号壁面左上方文志造像记

01　　02　　03　　04　　05　　06

图版 25　第 137 号壁面右上方佚名题刻

01　　02　　03　　04　　05　　06

图版 25　第 137 号壁面右上方佚名题刻

01　　02　　03　　04　　　　　　01　　02　　03　　04

图版 26　第 137 号龛外右侧中部赵子充等游北山题名　　　图版 26　第 137 号龛外右侧中部赵子充等游北山题名

Ⅱ 铭文图版　499

图版 27　第 137 号外上方匾额内残记

图版 27　第 137 号外上方匾额内残记

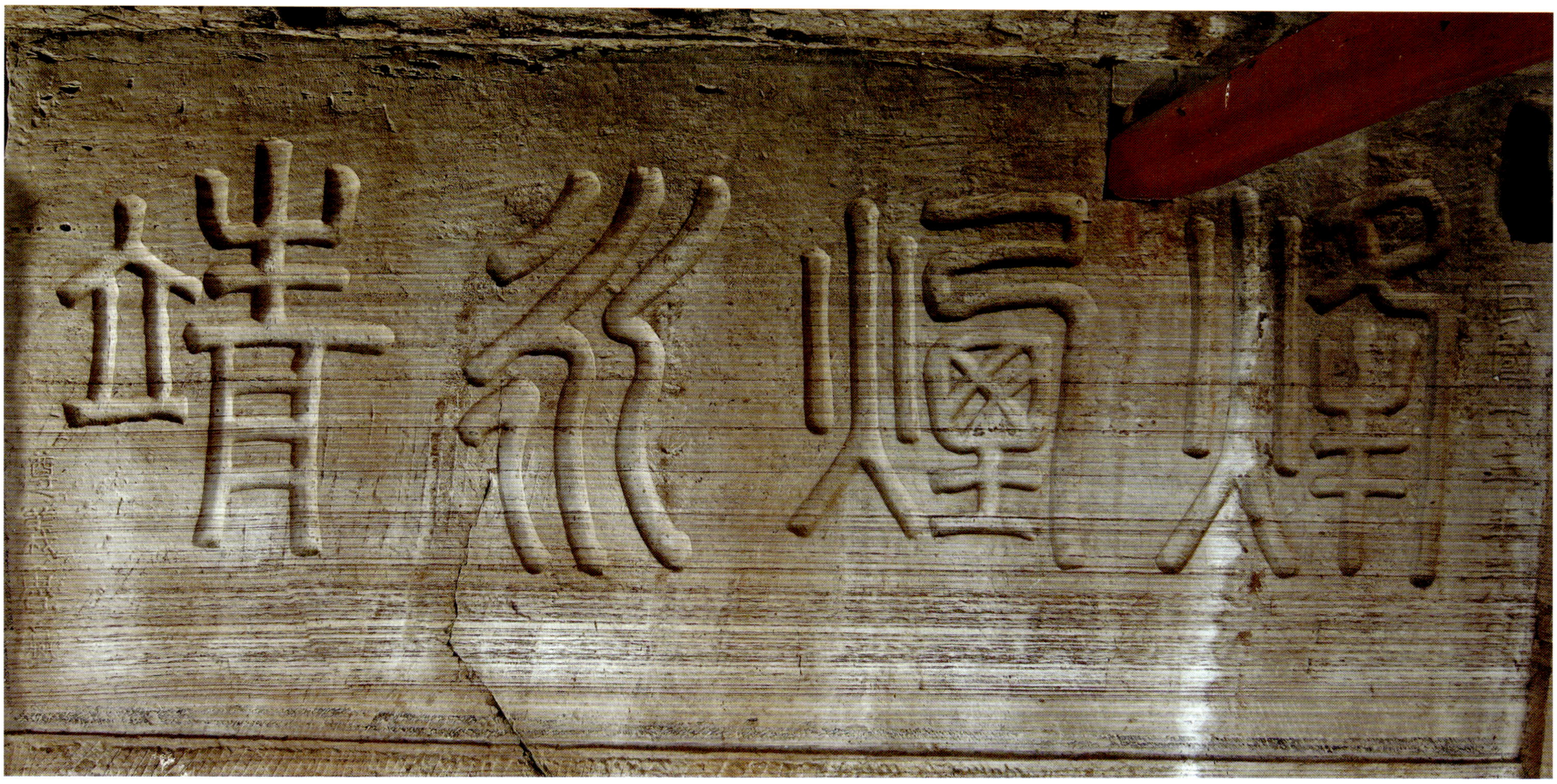

图版 28　第 138 号 "烽烟永靖" 题刻

图版 28　第 138 号 "烽烟永靖" 题刻

03　　　　　　　02　　　　　　　01

图版 29　第 140 号龛外佚名残记（2014 年拓）

03　　　　　　　02　　　　　　　01

图版 29　第 140 号龛外佚名残记（2014 年拓）

图版 30　第 143 号鲁瀛五古十七韵诗

民苦久矣望治之心如望岁
焉今日为十三年岁官之元
日书烽烟永靖四字以祝太
平复作五古十七韵人叹以自警
我今告士民一家若欺我
欺我有父母同胞父欺少
丰年祀兄文我若欺父
有老妹身父身母同难已饱炮沾
何恩一福未为百太军田兵绝
扶杖避开口享难军田园
被兵屋儿为避太被兵
煌践物被携器被
灾财被兵具田
养速蒙倾十三
是亲血母四
经此肉慈救
环难沟粉孤
此造人鎣儿
因此弊粹甘
兵蘖加寧心
有痛诸天我
真勿夫道曾
可令道有鸣
嚀戒告士循
莫分到兵暗
作寻头自
尋常语
遵义鲁瀛

图版 31　第 149 号窟外右壁任宗易镌妆如意轮观音窟镌记

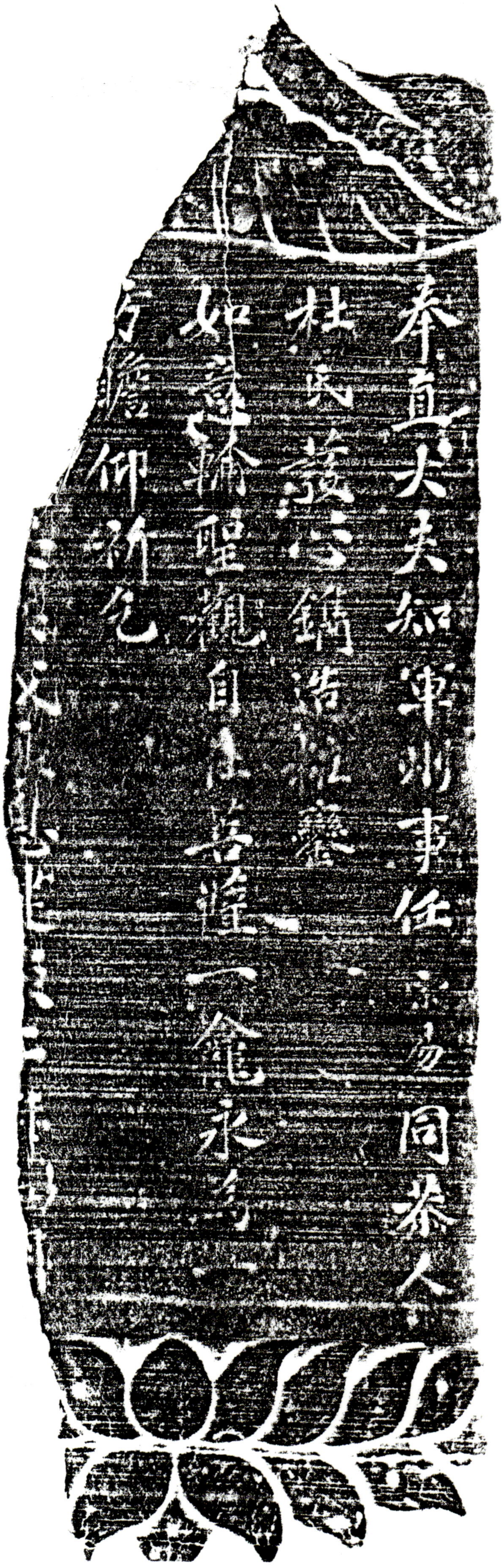

05　　　　04　　　　03　　　　02　　　　01

图版 32　第 149 号窟任宗易自赞

05　　　　04　　　　03　　　　02　　　　01

图版 32　第 149 号窟任宗易自赞

II 铭文图版　　505

图版 33　第 149 号窟杜慧修自赞

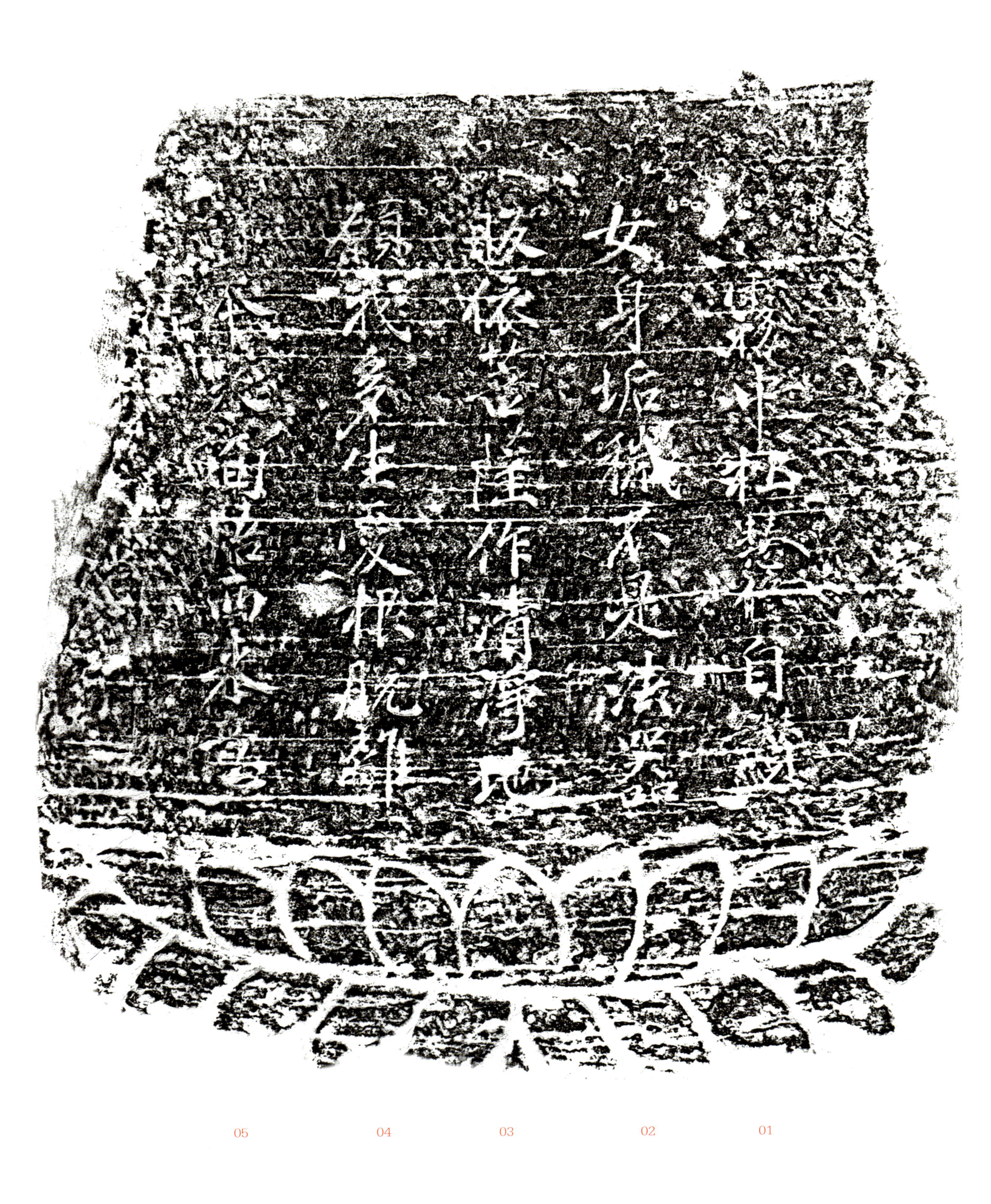

图版 33　第 149 号窟杜慧修自赞

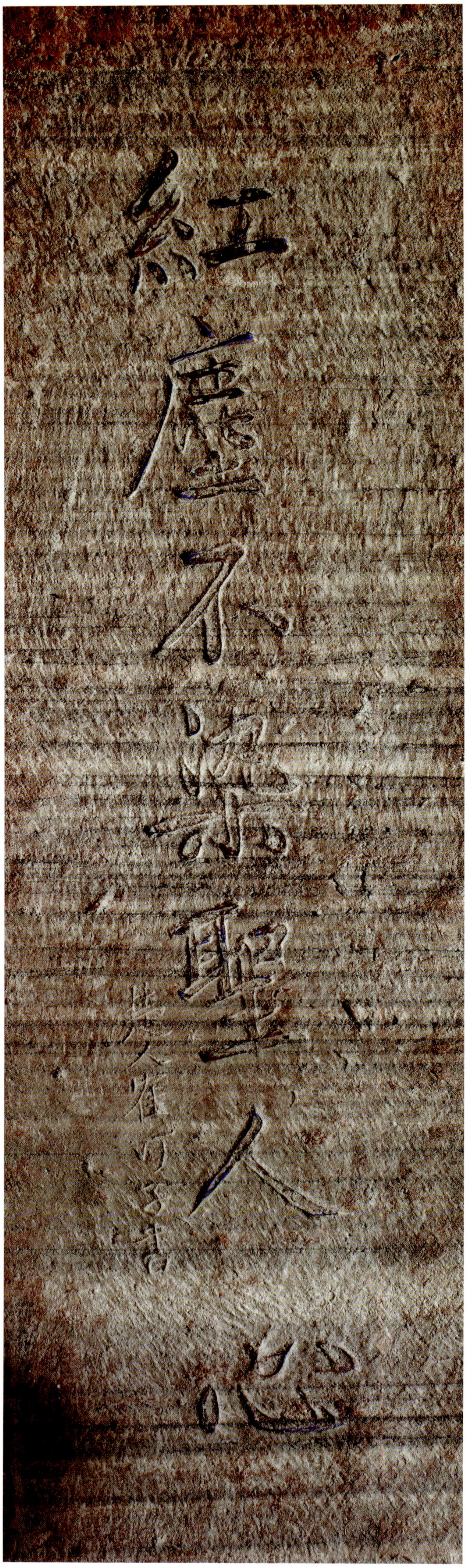

图版34　第149号窟左右壁内侧崔叮子题刻

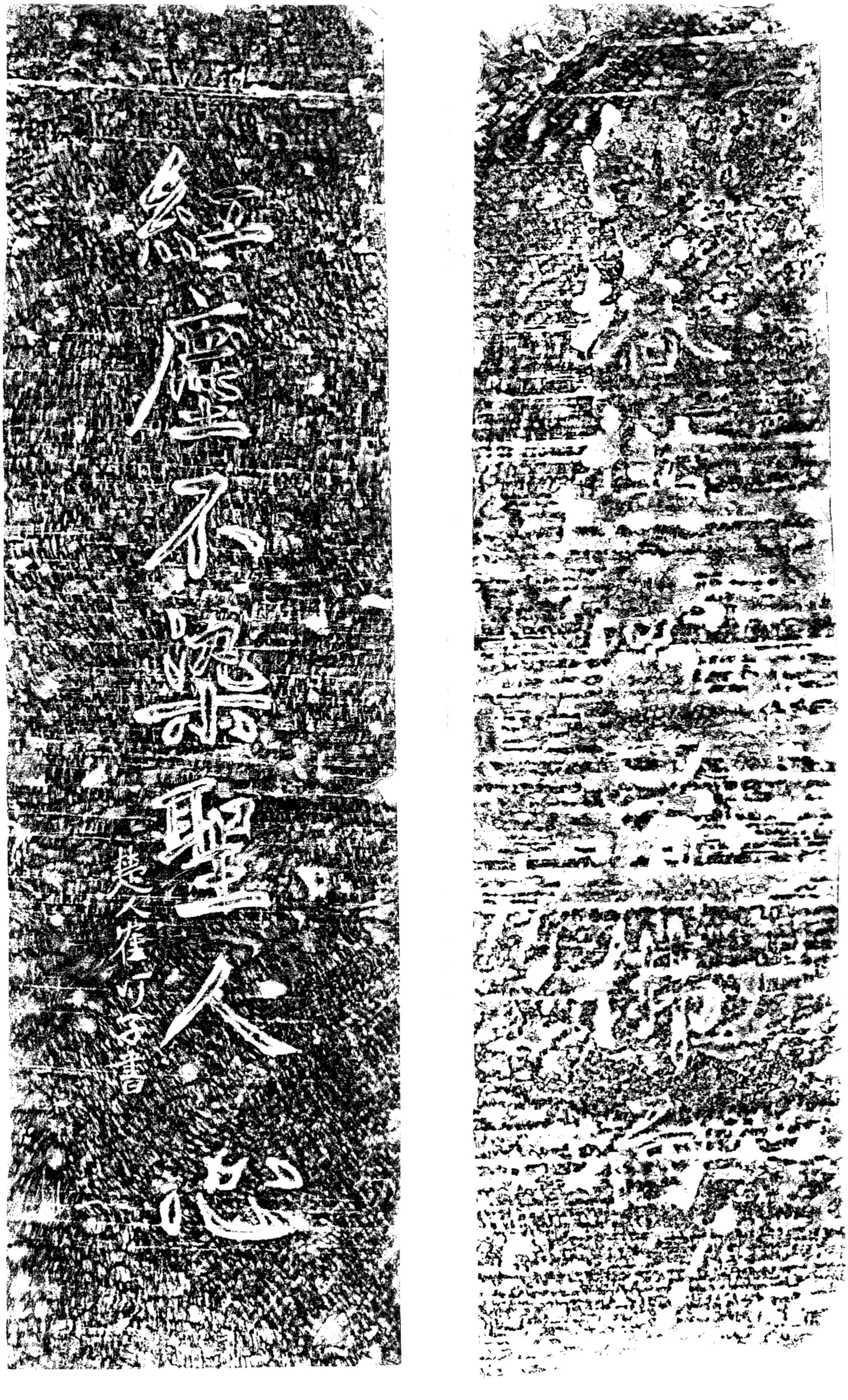

图版 34　第 149 号窟左右壁内侧崔叮子题刻

图版 35　第149号窟左沿内侧郭庆祖逃暑岩阿题记

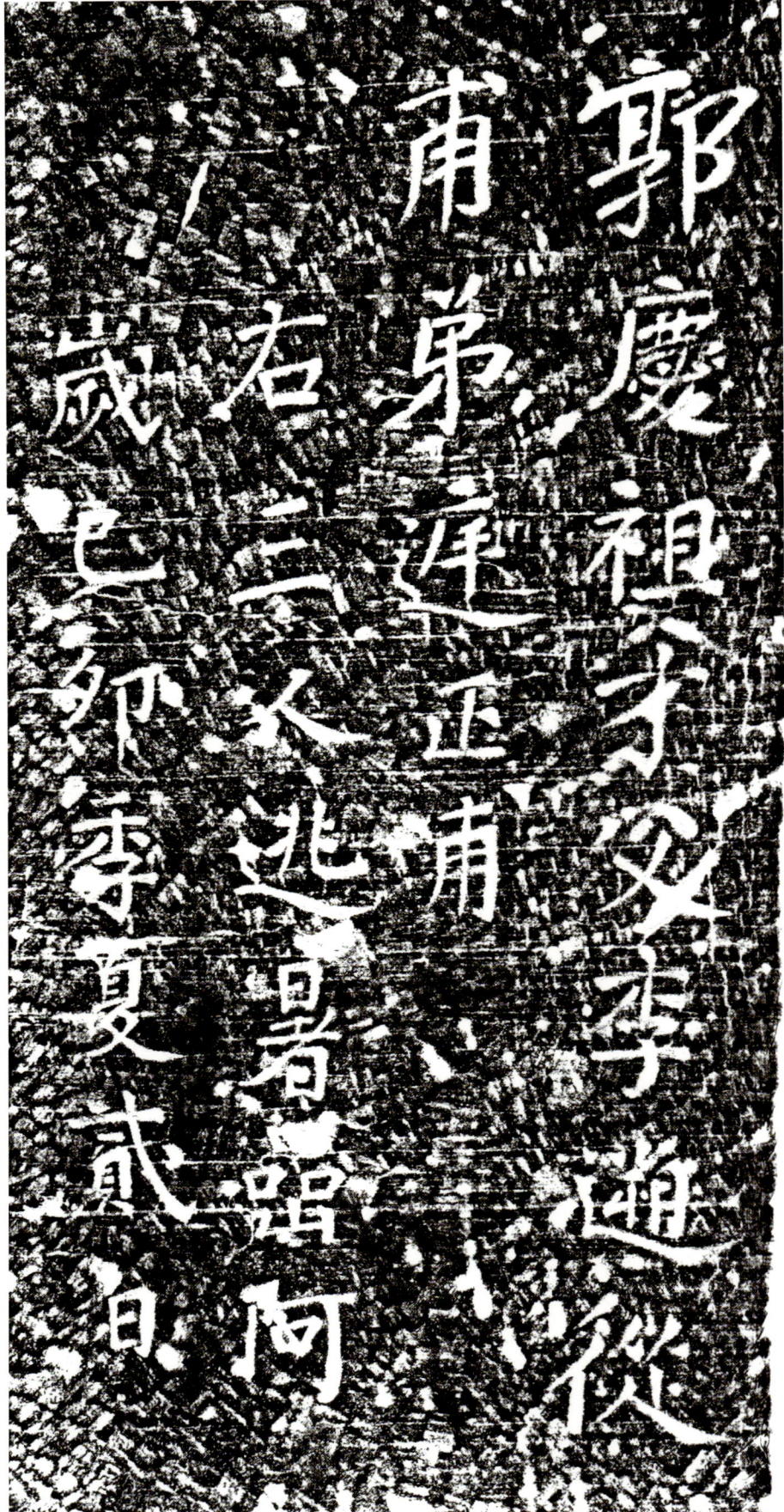

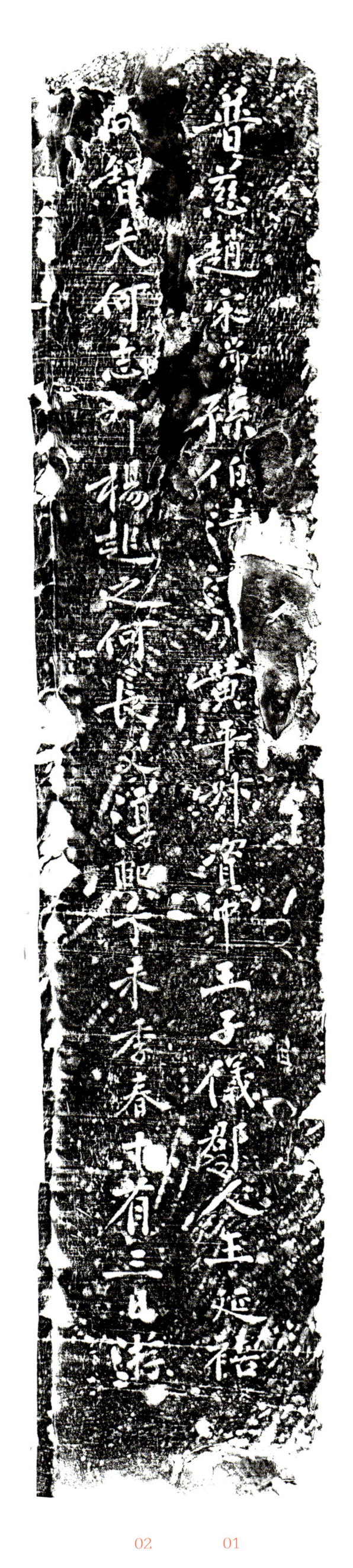

图版36　第149号窟右沿内侧赵宋瑞等游北山题记

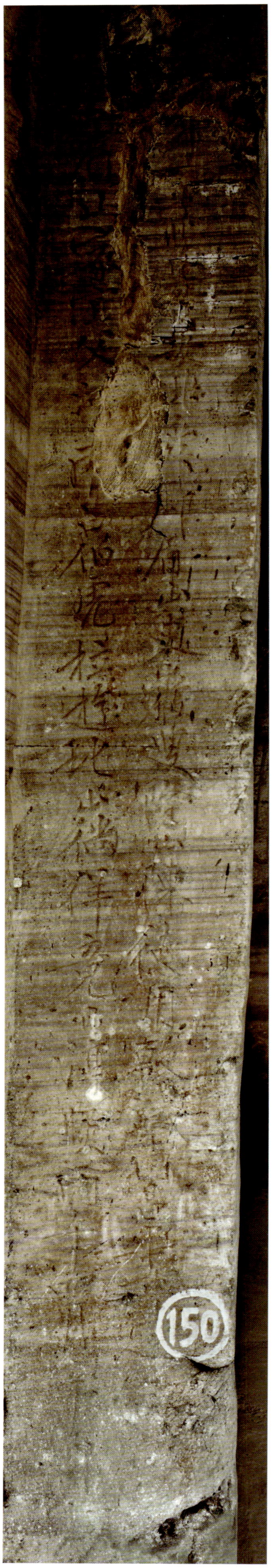

图版 37　第 149 号窟右沿刘子发等较试南昌毕事拉游北山题记

图版 37　第 149 号窟右沿刘子发等较试南昌毕事拉游北山题记

图版 38　第 155 号窟左壁"文言"题刻

图版 38　第 155 号窟左壁"文言"题刻

图版 39　第 155 号窟左壁"伏氏"题刻

图版 39　第 155 号窟左壁"伏氏"题刻

图版 40　第 155 号窟左壁"陈吉桩"题名

图版 40　第 155 号窟左壁"陈吉桩"题名

II　铭文图版　　513

图版 41　第 155 号窟左沿佚名残记

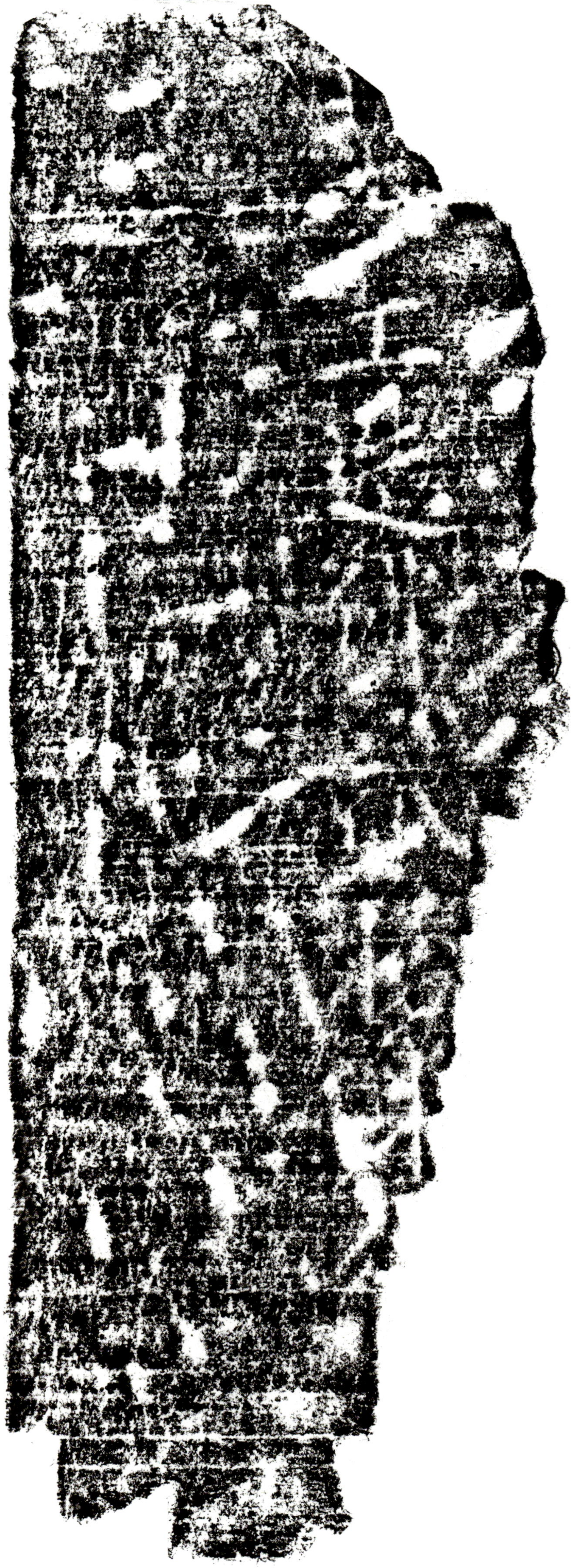

图版 41　第 155 号窟左沿佚名残记

图版 42　第 155 号窟右沿佚名残记 　　　　　　　　　图版 42　第 155 号窟右沿佚名残记

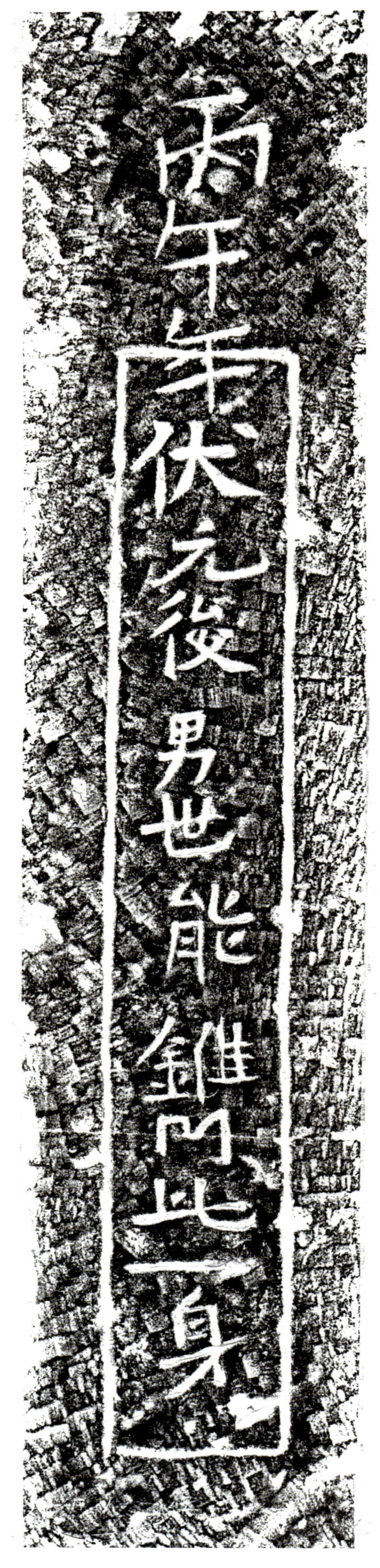

图版 43　第 155 号窟中心石柱左侧伏元俊镌孔雀明王窟题名

图版 44　第 155 号窟右侧壁中上部左侧徐荣德妆彩孔雀明王佛洞中诸神镌记

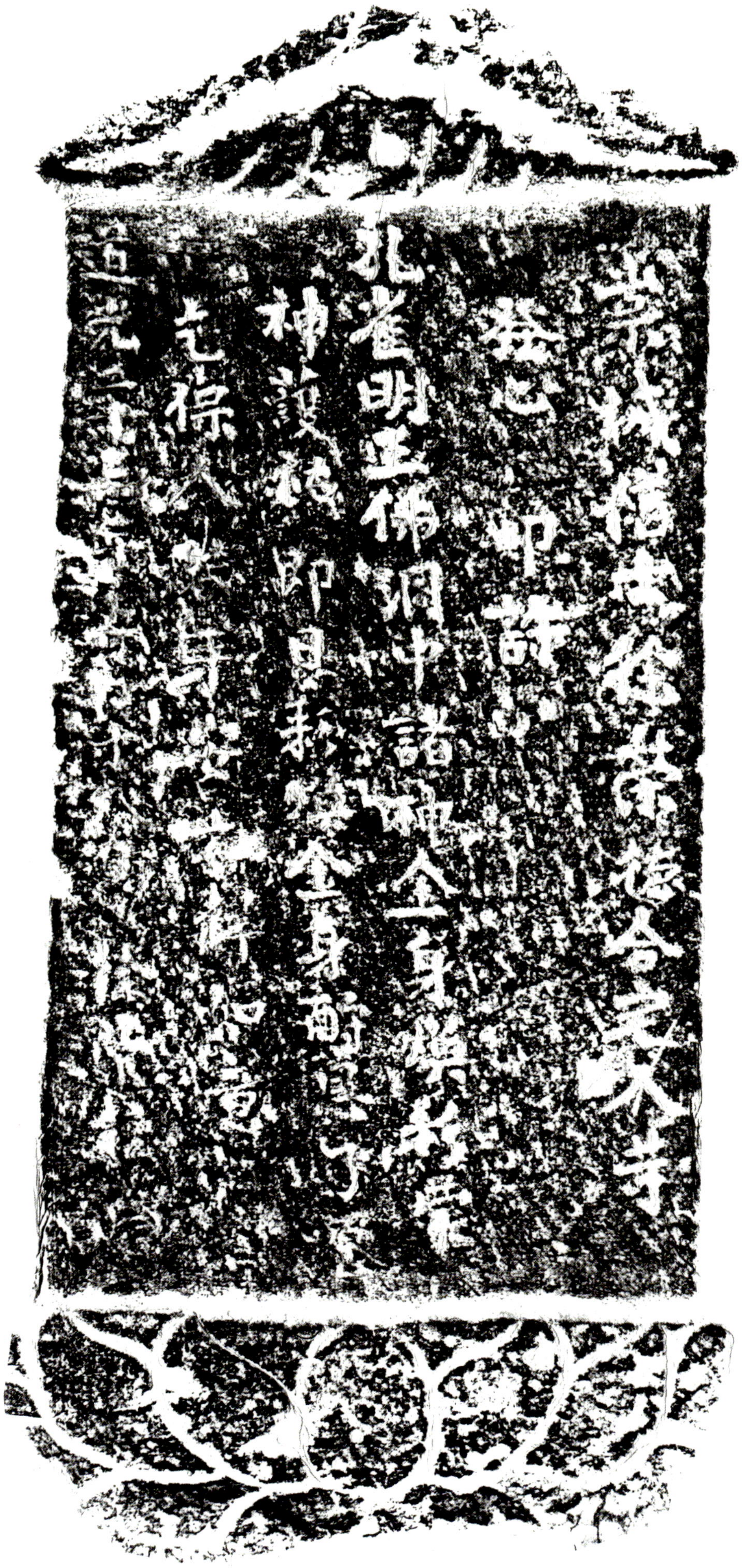

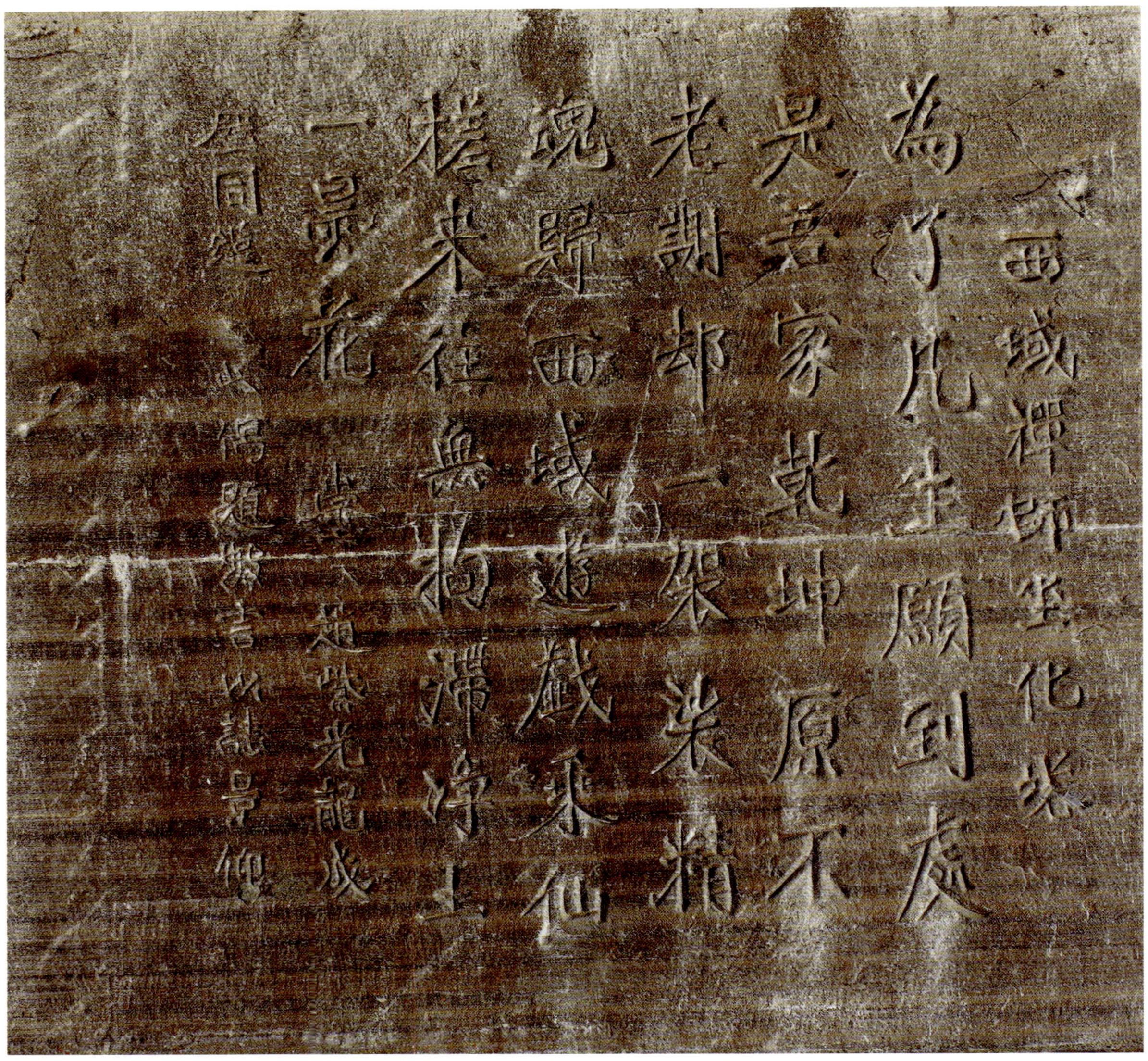

08　　07　　06　　05　　04　　03　　02　　01

图版 45　第 156 号赵紫光题《西域禅师坐化塔》诗

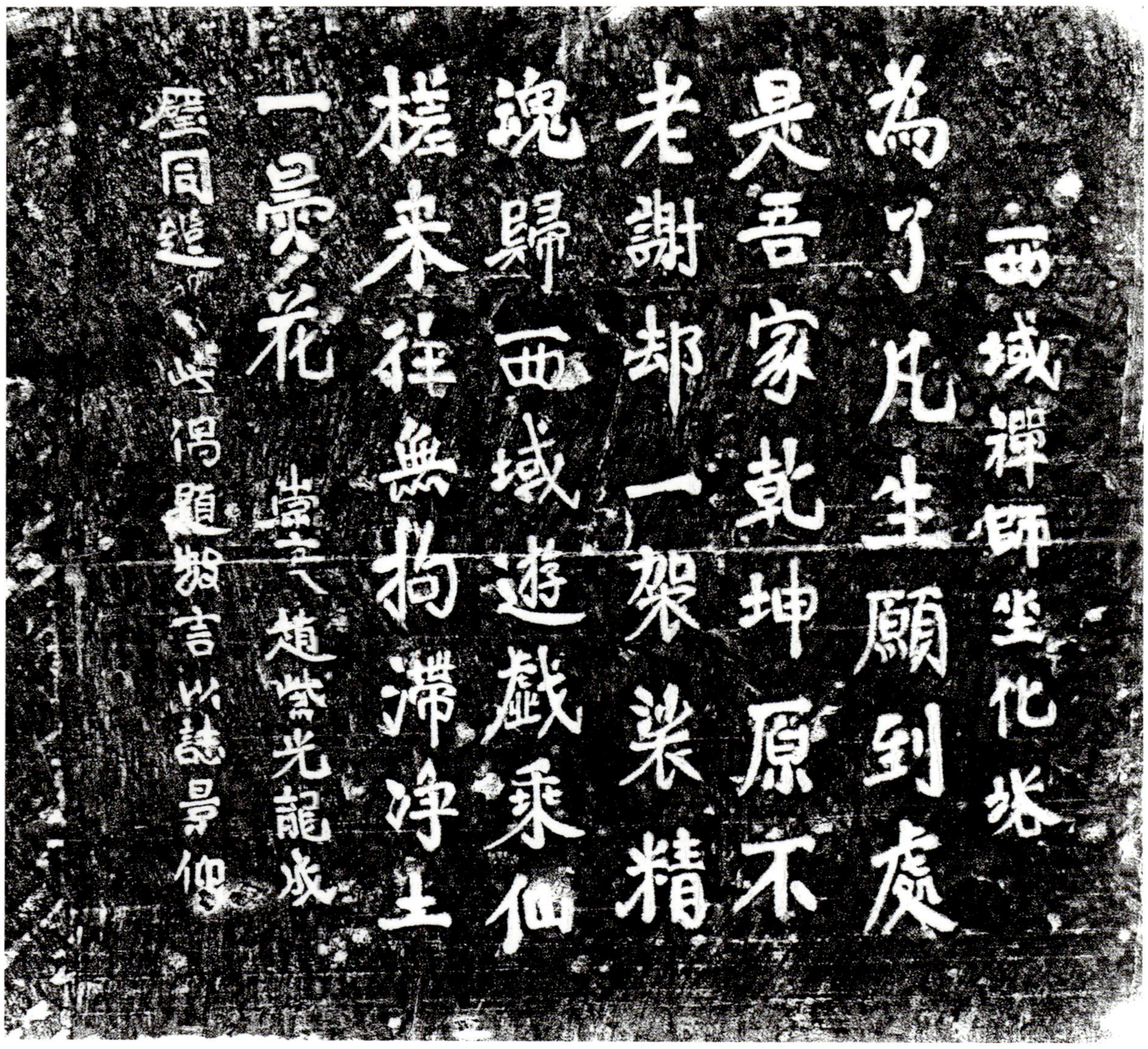

08　　07　　06　　05　　04　　03　　02　　01

图版 45　第 156 号赵紫光题《西域禅师坐化塔》诗

图版 46　第 160 号佚名残刻

图版 47　第 163 号无尽老人语录碑

忽老人嘗謂余曰世間甚力余大人曰何以言之余曰此嵐風災起待湏彌山山又相擊碎如微塵故知風力最大老人曰吾以為諸山然不能黏人之石看又盡於老僧之手倍覺断

風火能碎湏彌今此山之金剛七石

言有味威書伽陀

一念與時法法與鳥飛塵起及雲騰寂寞野寺元無事剛與山僧種葛藤

實際理地不受一塵故見佛見法是湏偷山萬行門中不捨一法故聚沙畫地皆成佛道絕熙如此切忌

錯認日鬟香篆石佛休嗟末故乞試問卉霞燒却

後何如鑑到奉空王

自家佛只坐心頭色與音聲處處東橛却禪床非柱

解壁邊挂眼𥌓子

如有辨掉口去來休

來請香道一轉語

图版 48　第 168 号窟潘绂撰《西域华化大禅师记事》碑碑额

图版 49　第 168 号窟潘绂撰《西域坐化大禅师记事》碑及分组示意图

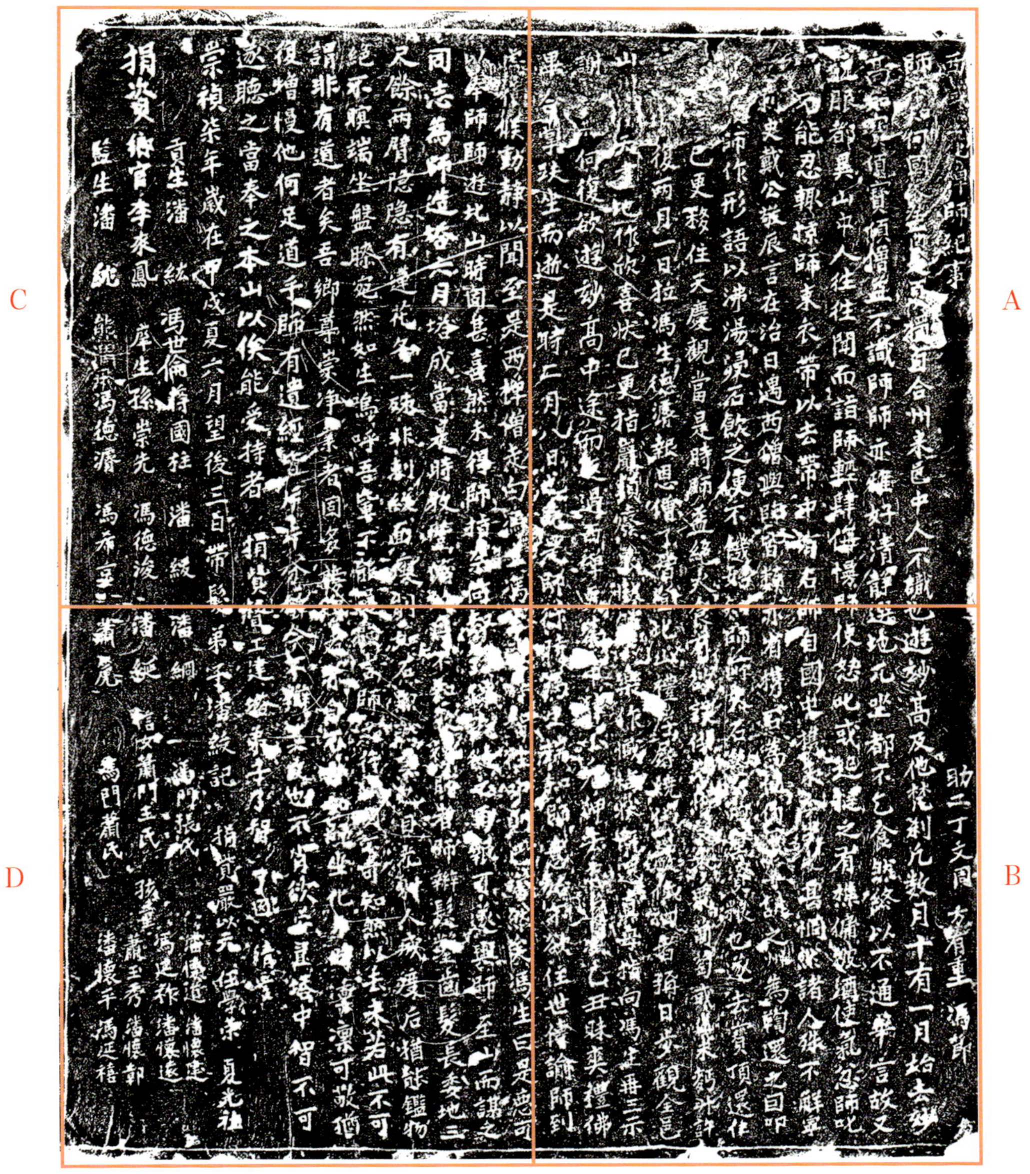

图版 49　第 168 号窟潘绂撰《西域坐化大禅师记事》碑及分组示意图

图版 49-1　潘绂撰《西域坐化大禅师记事》碑 A 组碑文

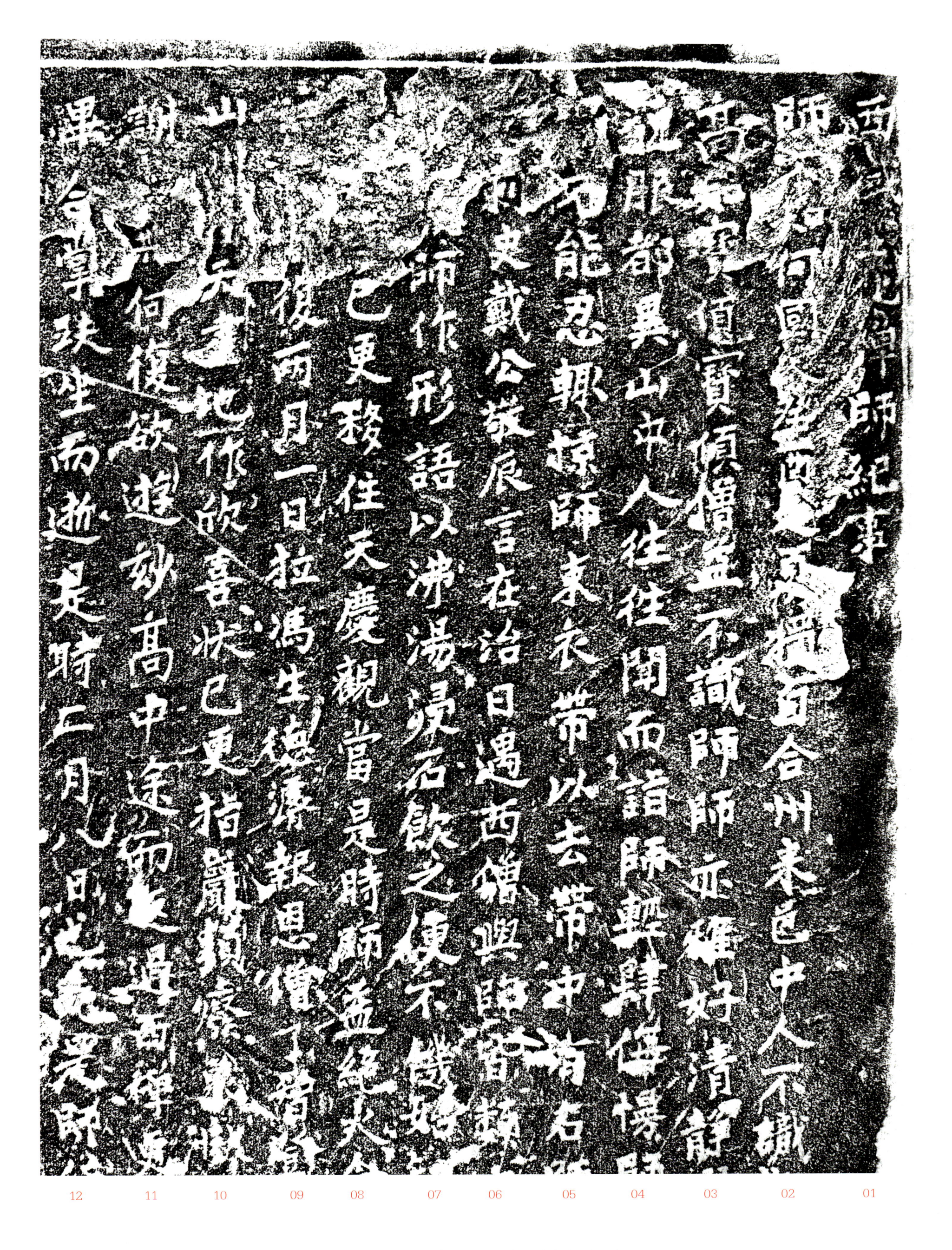

图版 49-1　潘绂撰《西域坐化大禅师记事》碑 A 组碑文

图版 49-2　潘绂撰《西域坐化大禅师记事》碑 B 组碑文

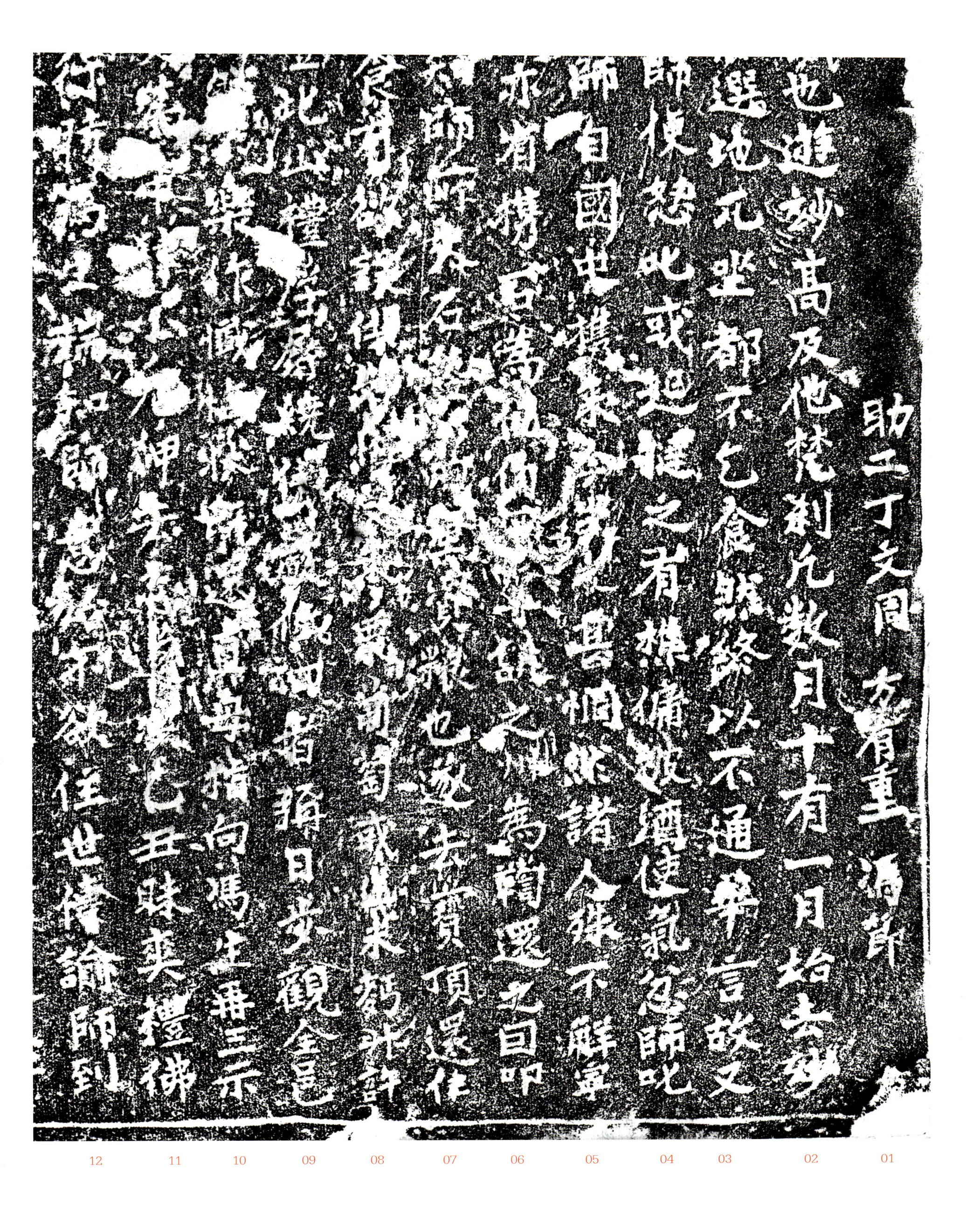

图版 49-2　潘绂撰《西域坐化大禅师记事》碑 B 组碑文

捐貲　崇禎朱年歲在　逐聽之　復增慢他　說非有道者矣　尺餘兩階隱隱府　同志一年造塔六日　以
賀　禎朱年歲奉　當之本山以俟能之持者　他何足道千師有遺經　絕不瞋端坐盤膝宛然坐化鳴呼　吾鄉尊學淨業者　北山特有　塔　法谷師相　南山聞至

監生游　　貢生潘　僑國禪　捐賀奉　　　　　　　　　　當花至　當走騎牧　向
　　　　　　　　　　　　　　　　　　　　　　　　非　
　　　御官李來鳳　紋　陸綬　　　　　　　　　　　　
　　　　　　庠生孫崇先　　　　　　　　　　　　　　
　　　　　　　　馮德浚　　　　　　　　　　　　　　

21　20　19　18　17　16　15　14　13

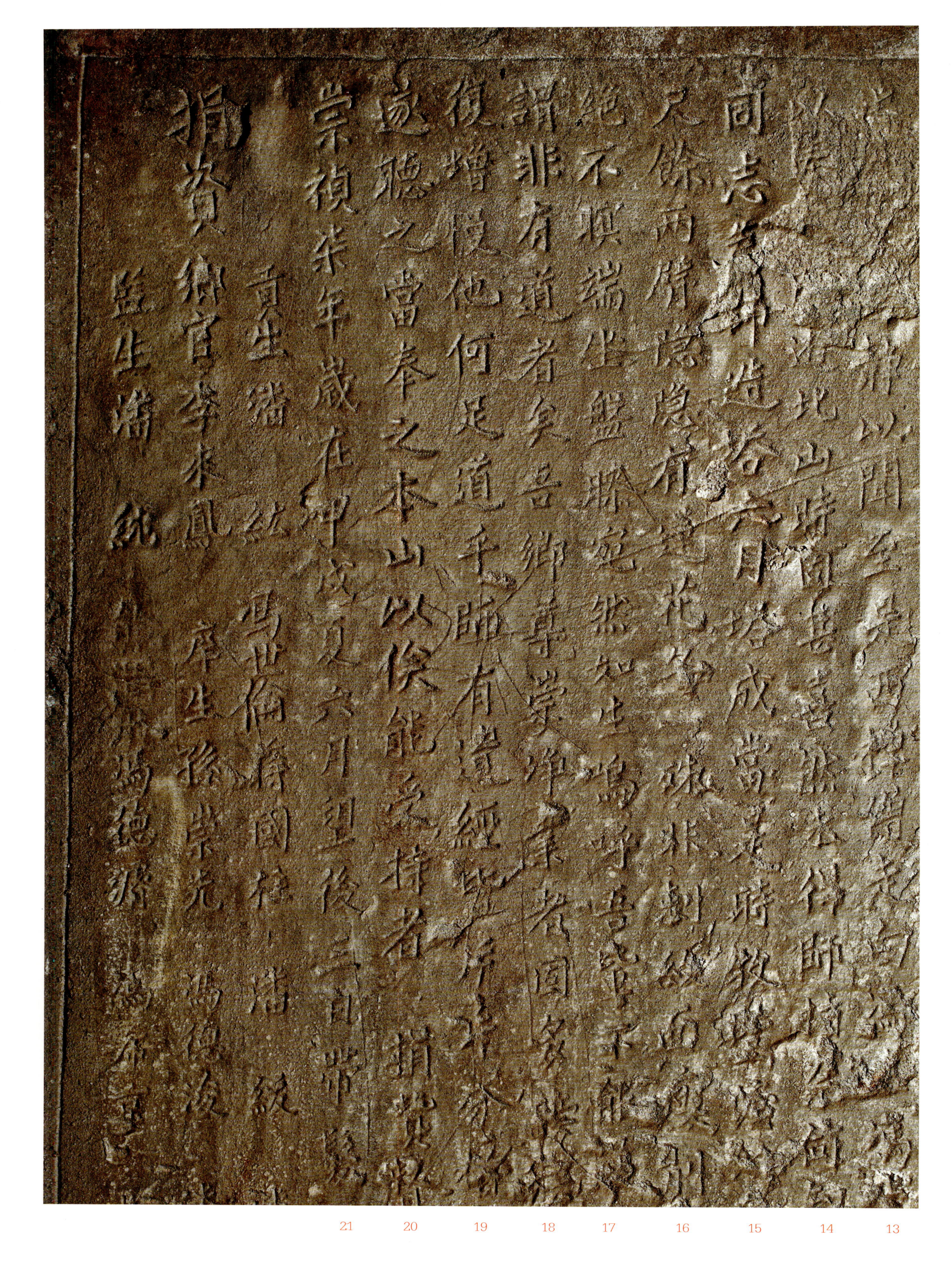

图版 49-3　潘绂撰《西域坐化大禅师记事》碑 C 组碑文

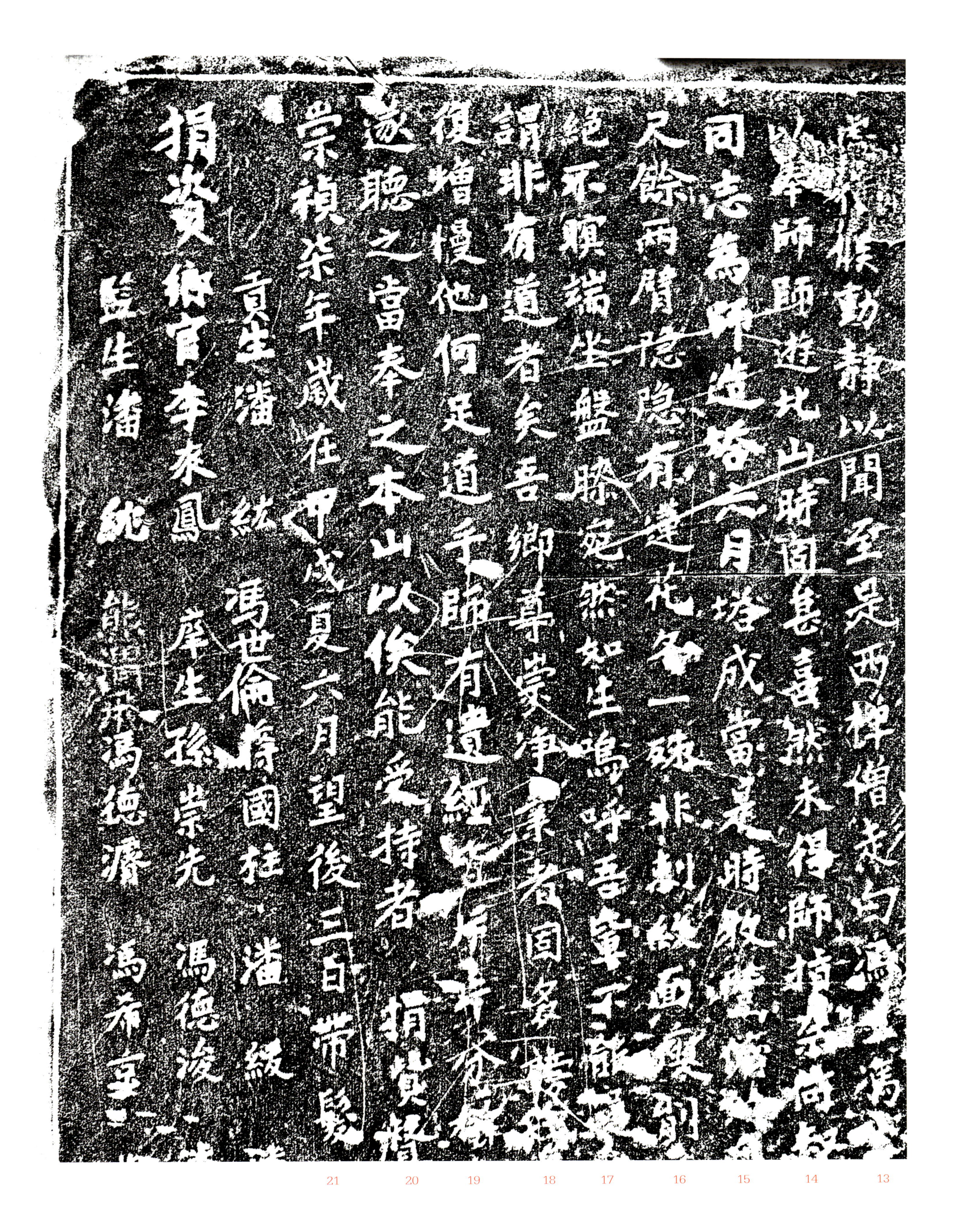

圖版 49-3　潘紱撰《西域坐化大禪師記事》碑 C 組碑文

图版 49-4　潘绂撰《西域坐化大禅师记事》碑 D 组碑文

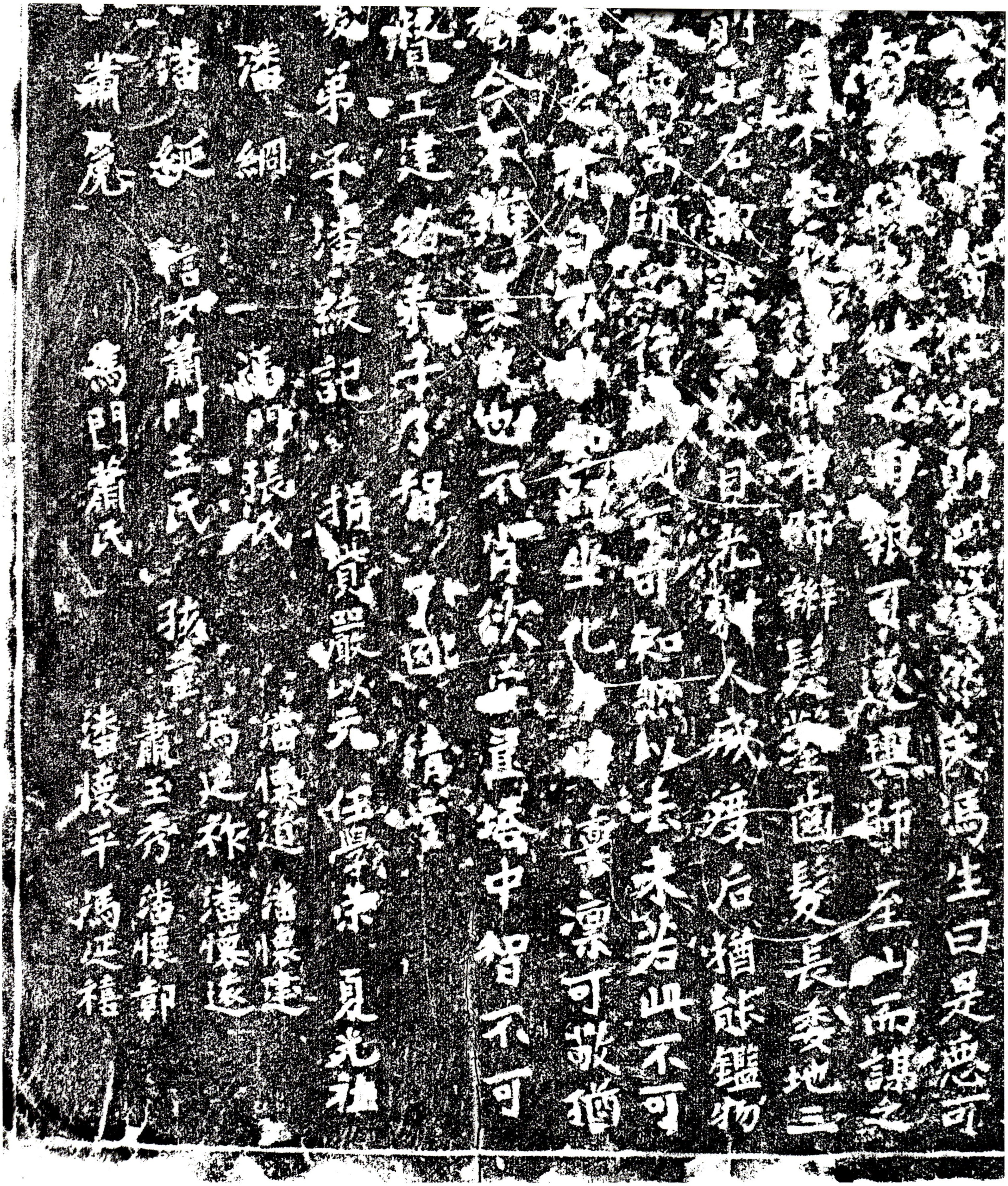

图版 49-4　潘绂撰《西域坐化大禅师记事》碑 D 组碑文

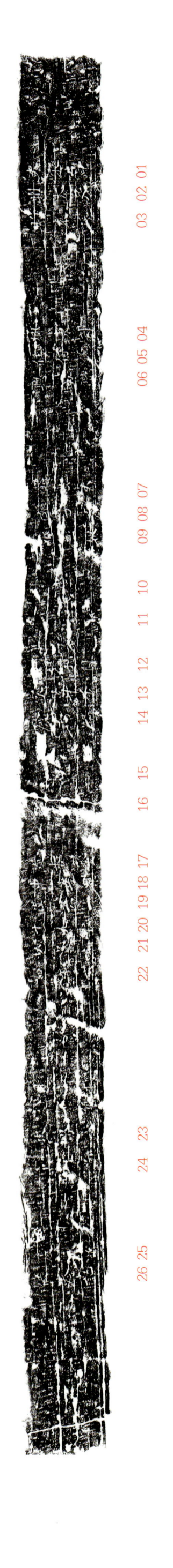

图版 50　第 168 号龛正壁第三排第 7—11 像下方佚名残记

图版 51　第 168 号龛左壁第一排第 8—15 像下方何仪兴鄢妆罗汉像记

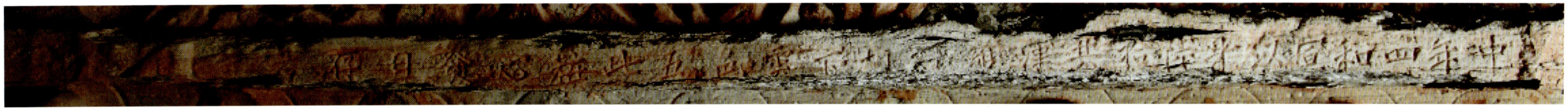

图版 52　第 168 号窟左壁第一排第 29—36 像下方佚名画妆罗汉像镌记

图版 53　第 168 号窟左壁第二排第 2—6 像下方佚名残记

II　铭文图版　533

图版 54　第 168 号龛左壁第二排第 6—10 像下方文志以收罗汉像龛记

图版 54　第 168 号龛左壁第二排第 6—10 像下方文志以收罗汉像龛记

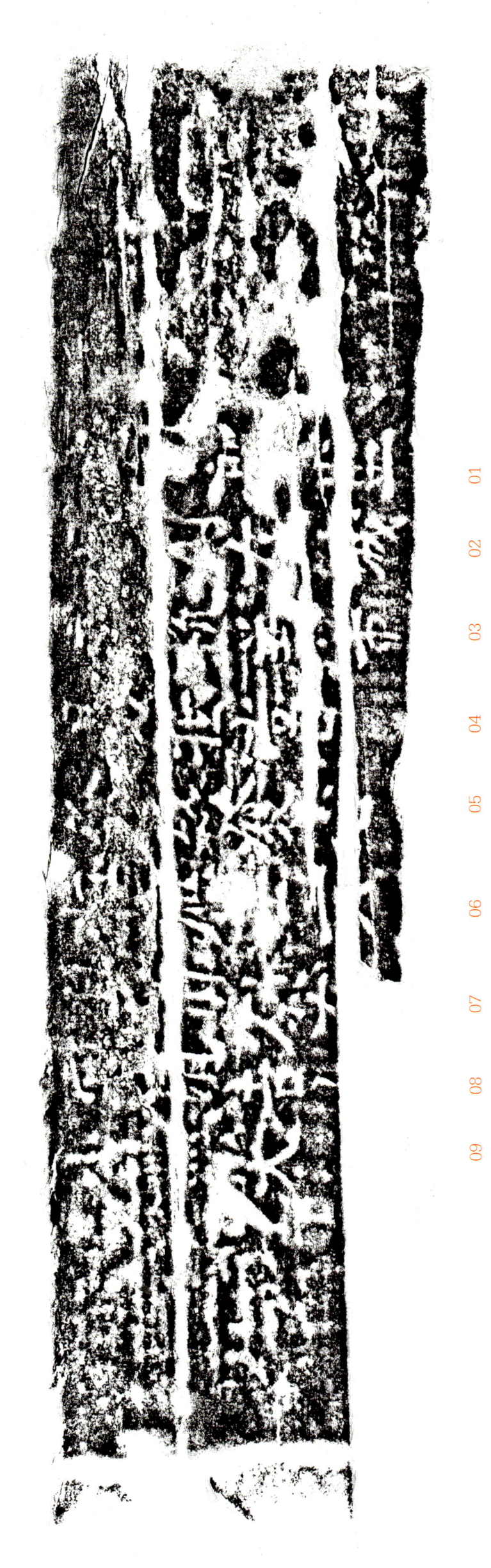

图版 55　第 168 号窟左壁第二排第 32—33 像下方供养名残记

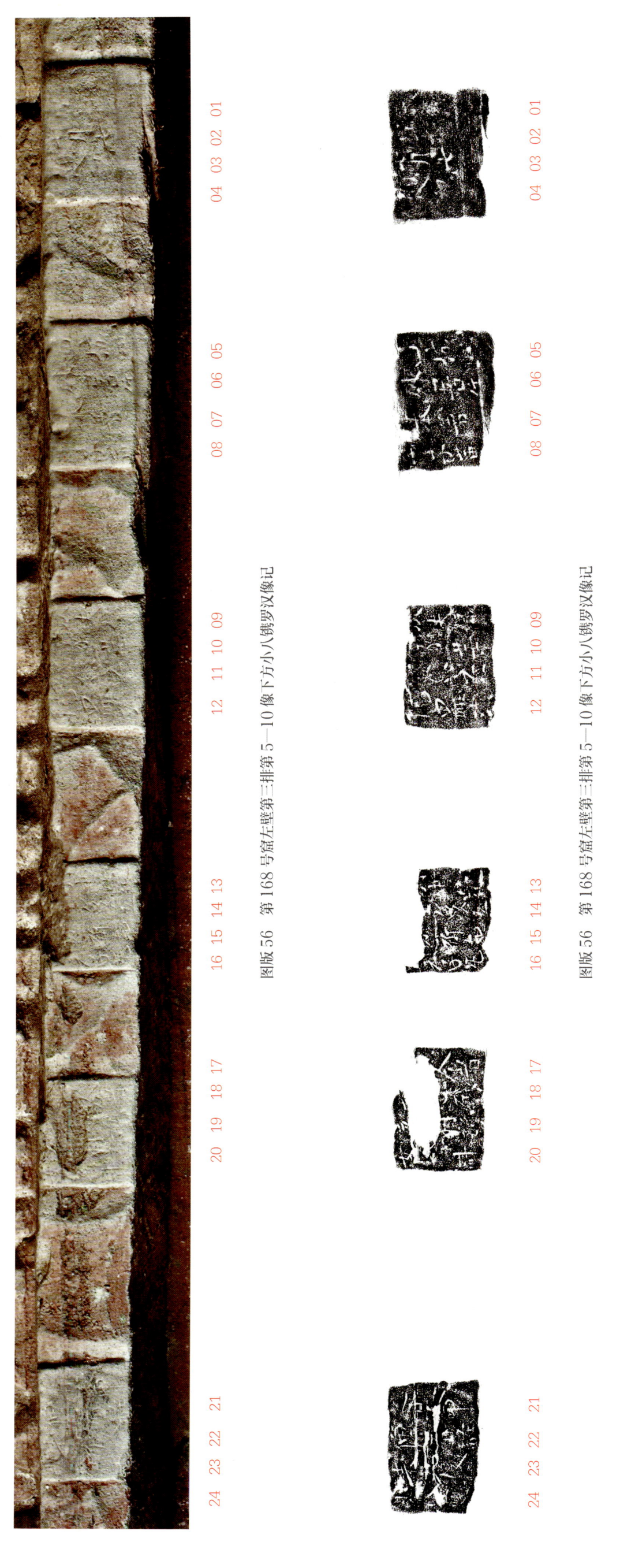

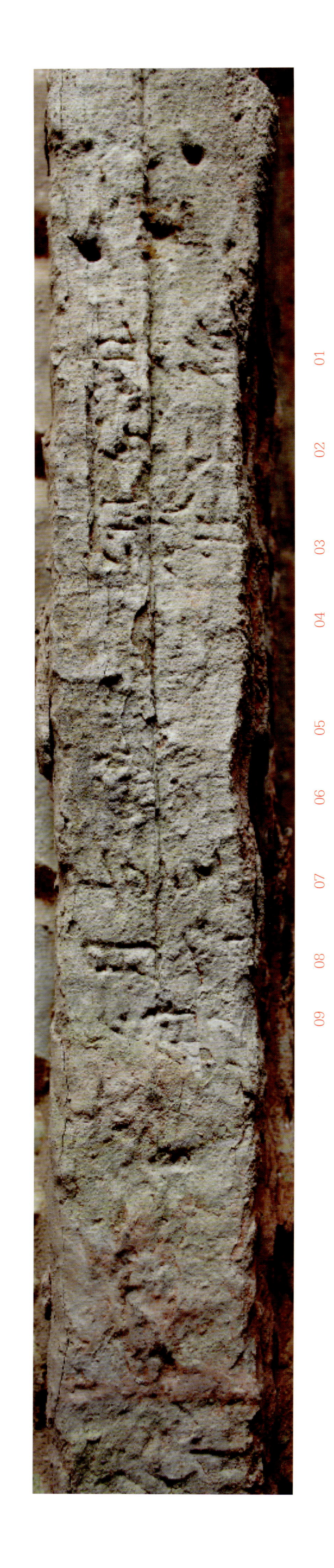

图版 56　第 168 号龛左壁第三排第 5—10 像下方小八镂罗汉像记

图版 57　第 168 号龛左壁第三排第 20—23 像下方佚名残记

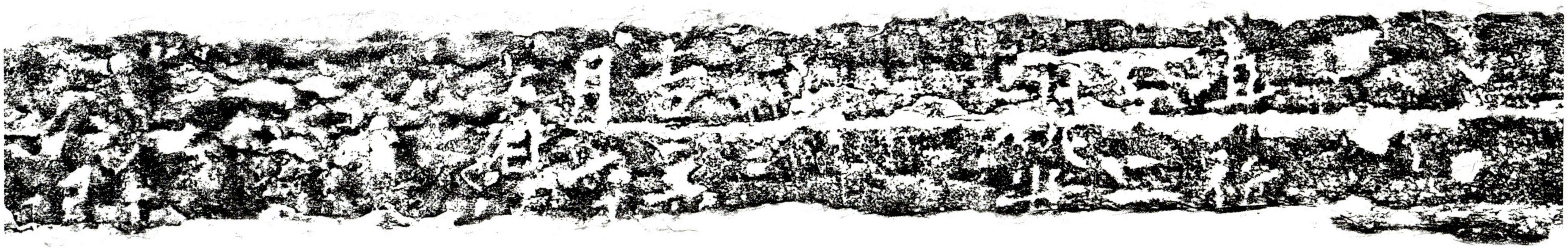

图版 57　第 168 号龛左壁第三排第 20—23 像下方供名残记

图版 58　第 168 号龛左壁第三排第 36 像下方供名残记

图版 58　第 168 号龛左壁第三排第 36 像下方供名残记

II 铭文图版　537

08　　07　　06　　05　　　　　　　　　　　　　　　　　　　　　04　　03　　02　　01

图版 59　第 168 号窟左壁第四排第 14—17 像下方佚名造罗汉三身镌记

08　　07　　06　　05　　　　　　　　　　　　　　　　　　　　　04　　03　　02　　01

图版 59　第 168 号窟左壁第四排第 14—17 像下方佚名造罗汉三身镌记

图版 60　第 168 号窟左壁第四排第 18—21 像下方主椎组造像记

图版 60　第 168 号窟左壁第四排第 18—21 像下方主椎组造像记

图版 61　第 168 号龛右壁第四排第 3—9 像下方赵仲□妆绚罗像汉镌记

图版 62　第 168 号龛右壁第四排第 13—17 像下方李世明造罗汉像镌记

540　大足石刻全集　第二卷（下册）

图版 63　第 168 号龛右壁第四排第 19—20 像下方王惟祖造像记

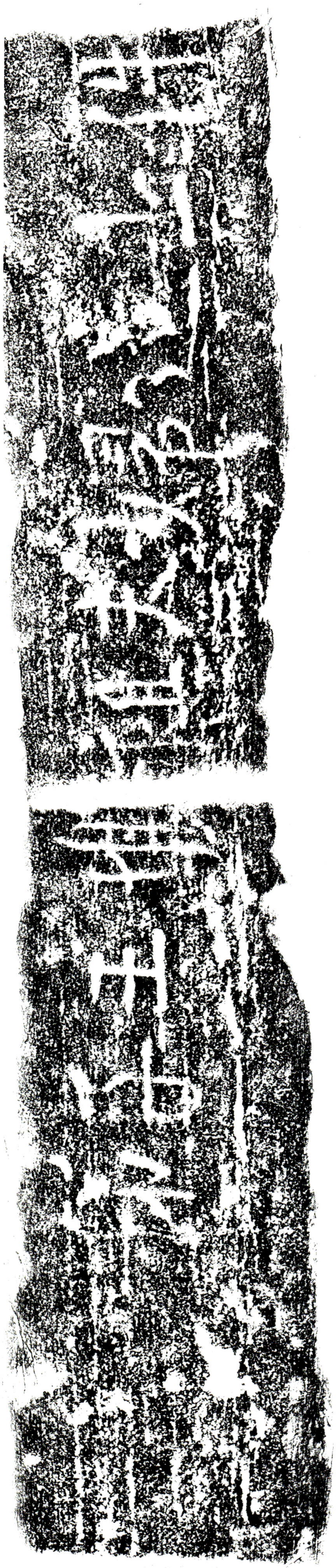

图版 64　第 168 号龛右壁第三排第 2—17 像下方杨彦翔等追凉北山题记

图版 64　第 168 号龛右壁第三排第 2—17 像下方杨彦翔等追凉北山题记

01　　02

图版 65　第 176 号窟伏元俊镌像记

图版66　第176号窟左沿上部吕元锡等避暑北山题记

图版 67　第 176 号窟左沿内侧何□妆銮弥勒下生经变相镌记

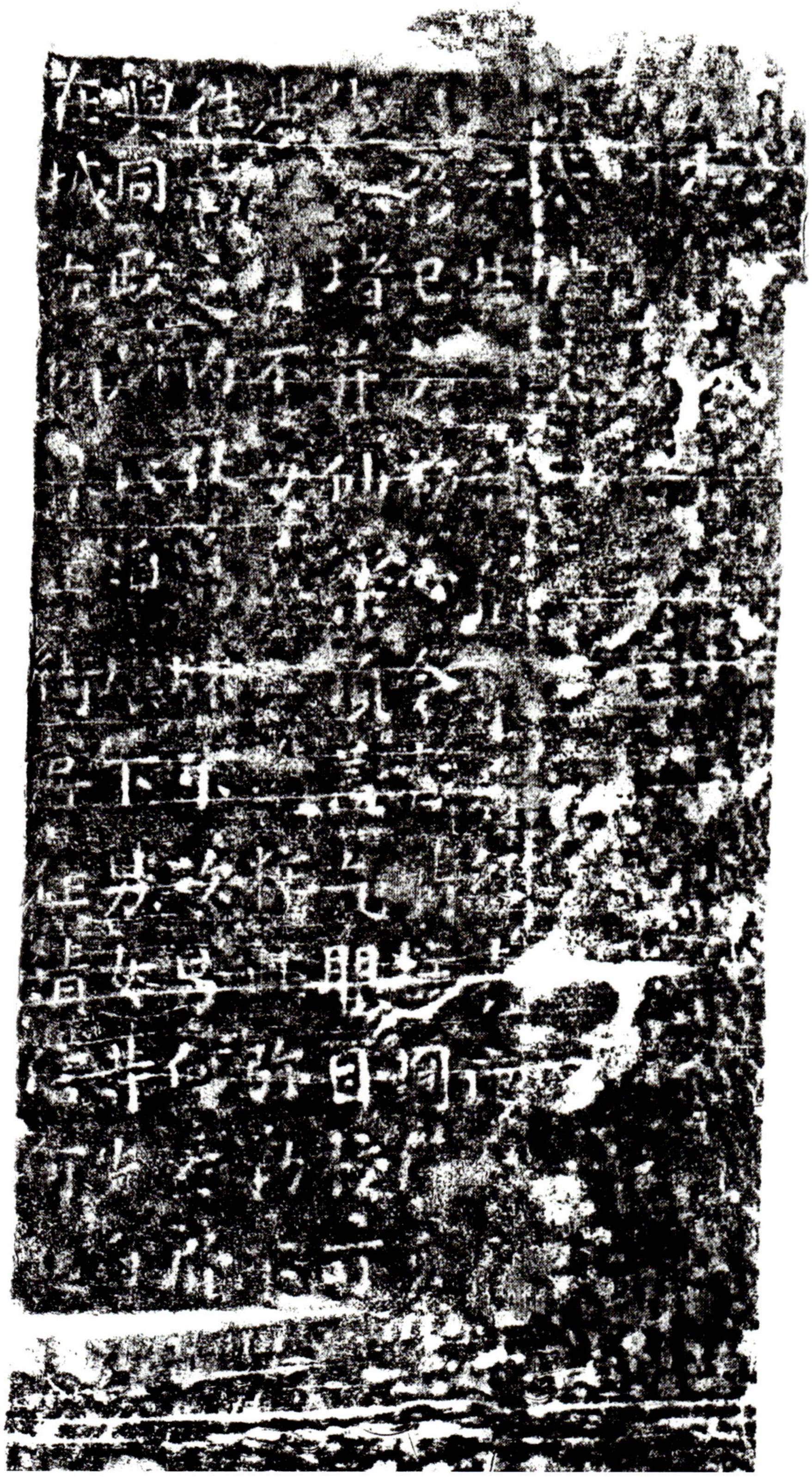

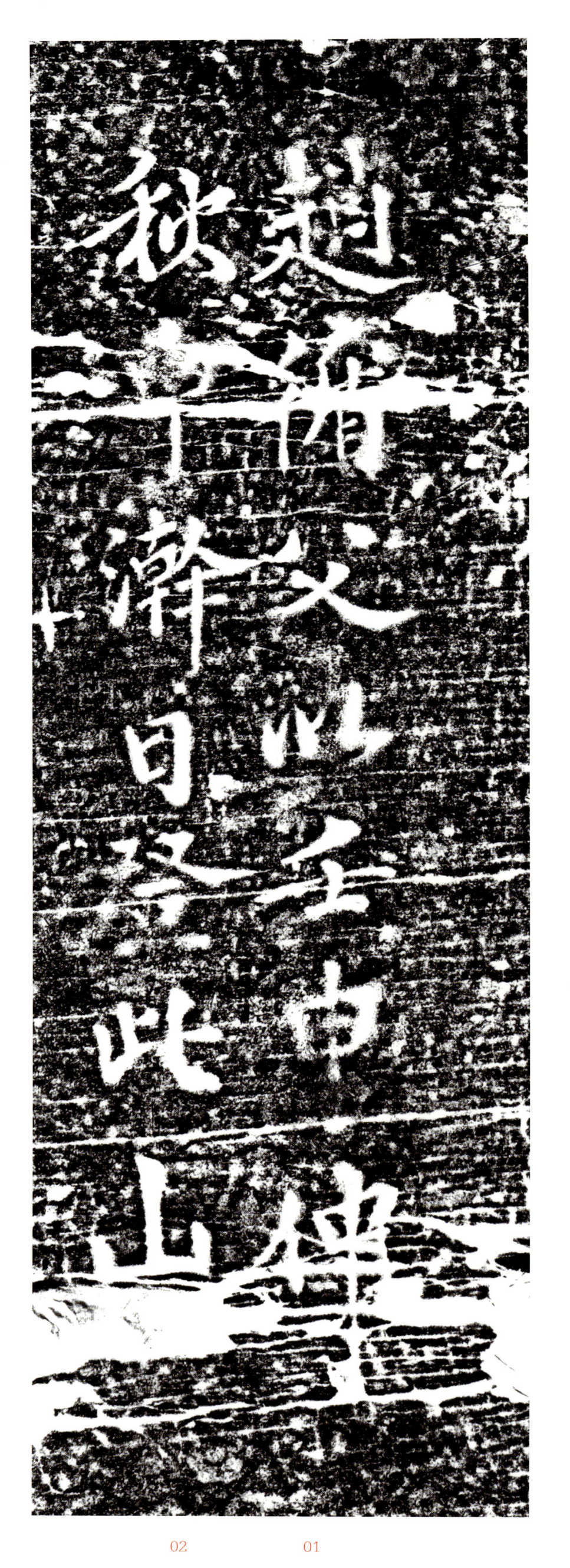

图版68　第176号窟左沿内侧赵循父登北山题记

01　　　　　　02
图版69　第177号窟左沿伏元俊镌泗洲大圣龛题名

01　　　　　　02
图版69　第177号窟左沿伏元俊镌泗洲大圣龛题名

Ⅱ　铭文图版　547

图版 70　第 177 号龛上沿佚名残记（2014 年拓）

图版 70　第 177 号龛上沿佚名残记（2014 年拓）

01　02　03　04　05

图版 71　第 180 号窟左侧壁第 4、5 身菩萨像上方佚名造像镌记

01　02　03　04　05

图版 71　第 180 号窟左侧壁第 4、5 身菩萨像上方佚名造像镌记

04　03　02　01

图版 72　第 180 号窟右侧壁第 2、3 身菩萨像间邓惟明造画普见镌记

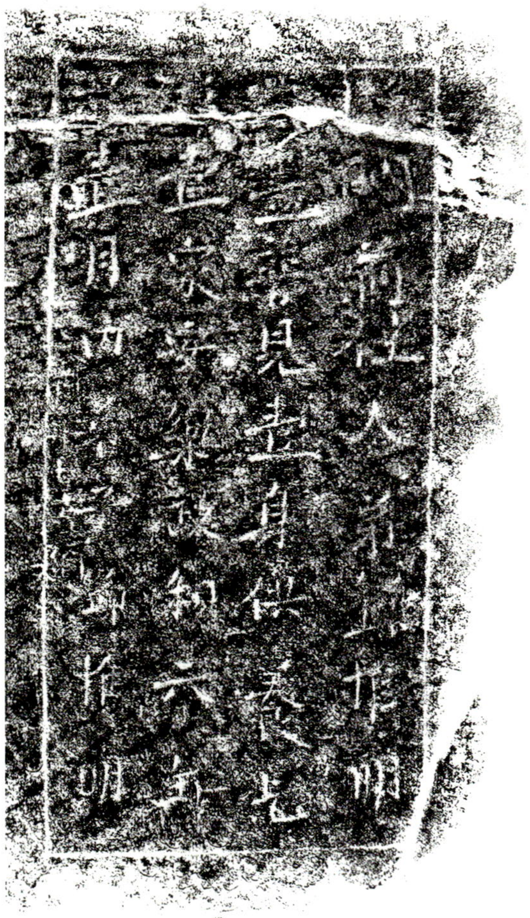

04　.3　02　01

图版 72　第 180 号窟右侧壁第 2、3 身菩萨像间邓惟明造画普见镌记

II　铭文图版　549

01　　　02　　　03　　　04　　　05

图版 73　第 180 号窟右侧壁第 5 身菩萨像左上方佚名造像镌记

01　　　02　　　03　　　04　　　05

图版 73　第 180 号窟右侧壁第 5 身菩萨像左上方佚名造像镌记

01　　　　02　　　　03　　　　04　　　　05

图版74　第180号窟右侧壁第5身菩萨像右上方佚名造像镌记

01　　　　02　　　　03　　　　04　　　　05

图版74　第180号窟右侧壁第5身菩萨像右上方佚名造像镌记

Ⅱ 铭文图版　　551

图书在版编目（CIP）数据

北山佛湾石窟第101—192号考古报告. 下册 / 黎方银主编；大足石刻研究院编. —重庆：重庆出版社, 2017.11
（大足石刻全集. 第二卷）
ISBN 978-7-229-12681-0

Ⅰ. ①北… Ⅱ. ①黎… ②大… Ⅲ. ①大足石窟－考古发掘－发掘报告
Ⅳ. ①K879.275

中国版本图书馆CIP数据核字(2017)第228157号

北山佛湾石窟第101—192号考古报告 下册
BEISHAN FOWAN SHIKU DI 101-192 HAO KAOGU BAOGAO XIACE

黎方银 主编　　大足石刻研究院 编

总策划：郭　宜　黎方银
责任编辑：李盛强　王　娟
美术编辑：郑文武　王　娟　周　瑜　吕文成　王　远
责任校对：刘　艳
装帧设计：胡靳一　郑文武
排　　版：何　璐

重庆出版集团 出版
重庆出版社

重庆市南岸区南滨路162号1幢　邮政编码：400061　http://www.cqph.com
重庆新金雅迪艺术印刷有限公司印制
重庆出版集团图书发行有限公司发行
E-MAIL:fxchu@cqph.com　邮购电话：023-61520646
全国新华书店经销

开本：889mm×1194mm　1/8　印张：71.5
2017年11月第1版　2017年11月第1次印刷
ISBN 978-7-229-12681-0
定价：2500.00元

如有印装质量问题，请向本集团图书发行有限公司调换：023-61520678

版权所有　侵权必究